SV

Bertolt Brecht
Lektüre für Minuten

Aus seinen Stücken,
Gedichten, Schriften
und autobiographischen Texten

Auswahl und Nachwort von
Günter Berg

Suhrkamp

Erste Auflage 1998

Satz: Libro, Kriftel
Druck: Offizin Andersen Nexö, Leipzig
ISBN 3-518-40943-3

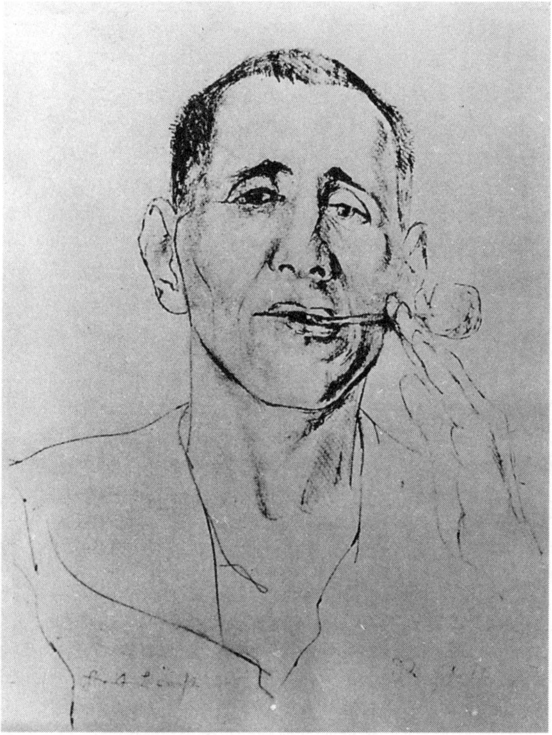

Bertolt Brecht. Von Rudolf Schlichter (1927)

An vielen Stellen des großen, im 20. Jahrhundert einzigartigen Werks von Bertolt Brecht finden sich kluge, durch sprachliche Schlichtheit und Präzision geprägte Ideen und Beobachtungen. Zahlreiche solcher Gedanken Brechts sind für sein Werk zentral und kehren an verschiedenen Stellen in ähnlicher, manchmal auch in gegensätzlicher Form wieder. – Die im Inhalt genannten Themenbereiche überschneiden sich an einigen Stellen (etwa *Politisches* und *Vom Geld und von Geschäften*, insbesondere bei dem zentralen Thema »Krieg«), manche (besonders *Über die Liebe* und alle Belange der Ökonomie) hätten sehr viel umfangreicher verzeichnet werden können. – Diese »Lektüre für Minuten« will erfreuen, belehren, trösten und ermutigen, erheitern und vor allem: *vergnügen*.

Alle Texte dieses Bandes folgen der *Großen kommentierten Berliner und Frankfurter Ausgabe* der *Werke* Bertolt Brechts (GBA) in 30 Bänden. Bei den Nachweisen werden der Band der GBA sowie die entsprechenden Seiten und Zeilen angeführt. Bei den Gedichten und Schriften wird zumeist auf die Nennung des Einzeltitels verzichtet. Doppelungen im Text werden vermieden, gelegentlich sind jedoch mehrere Belegstellen genannt.

Inhalt

O Lust des Beginnens! O früher Morgen!
Erstes Gras, wenn vergessen scheint
Was grün ist! O erste Seite des Buchs
Des erwarteten, sehr überraschende! Lies
Langsam, allzu schnell
Wird der ungelesene Teil dir dünn! Und der erste
Wasserguß
In das verschweißte Gesicht! Das frische
Kühle Hemd! O Beginn der Liebe! Blick, der wegirrt!
O Beginn der Arbeit! Öl zu füllen
In die kalte Maschine! Erster Handgriff und erstes
Summen
Des anspringenden Motors! Und erster Zug
Rauchs, der die Lunge füllt! Und du
Neuer Gedanke!

I

Jugend – Beobachtungen und Erinnerungen

Es ist windstill um mich: ich könnte die Segel flicken. Aber es lohnt nicht, sich mit mir zu beschäftigen.

(Journale, 26 – 121,5f.)

*

Vorbei an meinem väterlichen Haus führte eine Kastanienallee entlang dem alten Stadtgraben; auf der anderen Seite lief der Wall mit Resten der einstigen Stadtmauer. Schwäne schwammen in dem teichartigen Wasser. Die Kastanien warfen ihr gelbes Laub ab. (Schriften, 23 – 244,3-7)

*

Manchmal, an stillen Abenden vielleicht, wenn alles ruhig und schön um uns ist, fällt es uns plötzlich ein, daß weit draußen im fremden Land Tausende unserer Mitmenschen sich ums Leben bringen, daß weit, weit fort zu Land und zu Meer riesenhafte Schlachten geschlagen werden, Schlachten, in denen Tausende sterben, qualvoll, schmerzzerrissen sterben müssen.

(Schriften, 21 – 18, 29-34)

*

Am Samstag wurde der erste Soldat, der im hiesigen Lazarett gestorben ist, bestattet.
Er ist mit so vielen anderen Schwerverwundeten gekommen. Tagelang ist er im Lazarett gelegen, todwund, in Fieberphantasien. Fremde Gesichter sah er am Lager, wenn er aufwachte für Sekunden. Ihm

streichelte keiner Mutter kühle Hand die heiße Stirne. – Niemand weiß seinen Namen. Aber er war ein deutscher Krieger, und das genügt uns.

(Schriften, 21 – 20, 31-39)

*

Bataillon um Bataillon marschiert hinaus, am Königsplatz vorüber, die Schrannenstraße durch zum Bahnhof. Mit festem, ruhigem Tritt ziehen sie hin, umwogt, umdrängt von einer begeisterten Menge, in den großen Krieg. [. . .] Es ist viel Elend zu sehen. Aber am meisten hat mich das Gebaren eines alten Mannes ergriffen, der am Wegrain stand und seinen drei Söhnen nachblickte. Er stand aufrecht und gerade, der hagere Körper ganz straff. Er rief nicht und winkte nicht. Er sah stumm, wie seine Söhne ihm zurufend vorbeimarschierten. Keine Hand hob er. Auch keine Träne sah ich in diesen großen, klugen Augen. Aber dieses grobe Gesicht war wie ein Gebet.

(Schriften, 21 – 10, 1-33)

*

Ach . . . man hat so viel der Sorgen! [. . .] Gerüchte von ungeheuren Verlusten hasten umher. Man mißtraut, aber schließlich glaubt man doch. Über alle anderen Regimenter im Reich sind Verlustlisten erschienen. Nur von den unseren nicht.

Die Sorge geht durch die Stadt. [. . .] Dazu fürchtet man, daß der Eifer der Opfernden in den nächsten Monaten noch nachläßt. Und in den nächsten Monaten droht der Winter. *Es muß noch viel, viel mehr getan werden.* Es wird immer noch gekartet, Billard gespielt. Und Tausende stehen vor dem Abgrund. – Die Sorge geht durch die Stadt.

(Schriften, 21 – 22, 6-33)

*

Auf dem Zeughausplatz steht enggedrängt eine kleine Menge von Frauen. Es sind ärmlich gekleidete Arbeiterinnen, denen die Sorge auf den blassen, verhärmten Gesichtern geprägt steht. Einige haben ein Kind bei sich. Niemand spricht. Gedrücktes Schweigen herrscht. [...] Es ist eine wehe Stimmung des Jammers über der Szene. Manchem dieser vergrämten Gesichter sieht man es an, daß es sich schämte, schämte, so bettelnd dazustehen. – Was können sie dafür, daß sie nichts mehr zu essen haben, weil ihre Ernährer kämpfen, sterben vielleicht, für ... für uns? Schon greift die Not um sich. Die meisten Fabriken haben einen Teil der beschäftigten Frauen, manche alle entlassen. Nun stehen die Familien allein, schutzlos, brotlos da. (Schriften, 21 – 29,26-30,3)

*

Unter dem Donner der Kanonen, unter Kämpfen und Sorgen geht der Sommer zu Ende. Kaum bemerken wir, daß die Tage kürzer und kühler werden, daß es in der Natur um uns stiller und stiller wird.

(Schriften, 21 – 31, 4-7)

*

Am Samstag durch die sternbesäte Nacht den Lech hinunterschwärmend, sangen wir zufällig seine Lieder zur Gitarre, das an Franziska, das vom blinden Knaben, ein Tanzlied. Und, schon sehr spät, am Wehr

sitzend, die Schuhe fast im Wasser, das von des Glükkes Launen, die sehr seltsam sind und in dem es heißt, es sei am besten, täglich seinen Purzelbaum zu schlagen. Sonntag morgen lasen wir erschüttert, daß Frank Wedekind am Samstag gestorben sei.
Das kann man nicht ohne weiteres glauben. [. . .] Er sang vor einigen Wochen in der Bonbonniere zur Gitarre seine Lieder mit spröder Stimme, etwas monoton und sehr ungeschult: Nie hat mich ein Sänger so begeistert und erschüttert. Es war die enorme Lebendigkeit dieses Menschen, die Energie, die ihn befähigte, von Gelächter und Hohn überschüttet, sein ehernes Hoheslied auf die Menschlichkeit zu schaffen, die ihm auch diesen persönlichen Zauber verlieh. Er schien nicht sterblich. (Schriften 21 – 35, 1-11, 27-34)

*

Zuerst ist alles einfach, naiv, gesund. Der Zwanzigjährige begreift den Kosmos. Er ist, wie er sein soll. Er hat eine natürliche Beredsamkeit und verwendet sie für einfache, starke Dinge. Das leicht Hymnische seiner Diktion drängt er ins Maß durch derbe Zynismen. Oh, diese Sicherheit des Unbesiegten, Tapferkeit des Beginners! Mit einem Mal ergeben sich Fehler bei vollständig richtiger Rechnung. Die Dinge, wie sie sind, verändern ihr Gesicht oder werden unerreichbar. O Blasiertheit des erstmalig Besiegten.

(Journale, 26 – 186,14-22)

*

Wenn ein Jüngling Philosoph wird (und sonst nichts), weil er enorme Einfälle hat, dann ist das angenehm.

Aber wenn er sonst nichts wird (und Philosoph), weil es angenehm ist, enorme Einfälle zu haben, dann ist es unangenehm. (Schriften, 21 – 49,13-17)

*

Der Lehrer der französischen Sprache huldigte einer bösartigen Göttin, die schreckliche Opfer verlangte, der *Gerechtigkeit*. Am geschicktesten zog daraus mein Mitschüler B. Nutzen. Bei der Korrektur der schriftlichen Arbeiten, von deren Güte das Aufrükken in die nächste Klasse abhing, pflegte der Lehrer auf einem besonderen Bogen die Anzahl der Fehler hinter jedem Namen zu notieren. Rechts davon stand dann auf seinem Blatt die Note, so daß er einen guten Überblick hatte. Sagen wir, 0 Fehler ergab eine I, die beste Note, 10 Fehler ergaben eine II und so weiter. In den Arbeiten selber waren die Fehler rot unterstrichen. Nun versuchten die Unbegabten mitunter, mit Federmessern ein paar rote Striche auszuradieren, nach vorn zu gehen und den Lehrer darauf aufmerksam zu machen, daß die Gesamtfehlerzahl nicht stimmte, sondern zu groß angegeben war. Der Lehrer nahm dann einfach das Papier auf, hielt es seitwärts und bemerkte die glatten Stellen, die durch die Politur mit dem Daumennagel auf der radierten Fläche entstanden waren. B. ging anders vor. Er unterstrich in seiner schon korrigierten Arbeit mit roter Tusche einige vollkommen richtige Passagen und ging gekränkt nach vorn, zu fragen, was denn da falsch sei. Der Lehrer mußte zugeben, daß da nichts falsch sei, selber seine roten Striche ausradieren und auf seinem

Blatt die Gesamtfehlerzahl herabsetzen. Dadurch änderte sich dann natürlich auch die Note. Man wird zugeben, daß dieser Schüler in der Schule denken gelernt hatte. (Flüchtlingsgespräche, 18 – 214,8-32)

*

Ich lese die Bibel. Ich lese sie laut, kapitelweise, aber ohne auszusetzen: Hiob und die Könige. Sie ist unvergleichlich schön, stark, aber ein böses Buch. Sie ist so böse, daß man selber böse und hart wird und weiß, daß das Leben nicht ungerecht, sondern gerecht ist und daß das nicht angenehm ist, sondern fürchterlich. (Journale, 26 – 107,23-28)

*

Schreiben kann ich, ich kann Theaterstücke schreiben, bessere als Hebbel, wildere als Wedekind. Ich bin faul. Berühmt werden kann ich nicht. Werde ich es, gehe ich nach Amerika und werde Cowboy, reite den ganzen Tag, schaue den Himmel an, rede mit den Stieren und belaure das Gras. (Journale, 26 – 108,29-34)

*

Hier steht Bertold Brecht auf einem weißen Stein
Fleischfressender Esel, bußfertiges Schwein
Halber Niggergötze und halber Affe
Maulheld, Zutreiber, Speichellecker und Pfaffe
Zahnlos vom vielen Brombeerschlecken
Katzbalgerei und Zähneblecken

(Gedichte, 13 – 229)

*

Um einen Roman zu schreiben, bin ich noch zu unreif. Dazu gehört vor allem Reife des Steißes: ein Sitzleder. Und dann müssen gewaltige Freßfeste aller Sinne veranstaltet werden, die Augen, die Finger, die Nase müssen gespeist werden. Hauptstützpunkte sind die einfachen Schilderungen von Vorgängen und Zuständen, die das Innerste davon auskramt, die Freude am Gegenständlichen (nicht am Problematischen!). Das ist nichts für ungeduldige Leckermäuler und Handlungs-Reisende. (Journale, 26 – 145,37-146,5)

*

Vor einiger Zeit habe ich mir einen Punchingball gekauft, hauptsächlich weil er, über einer nervenzerrüttenden Whiskyflasche hängend, sehr hübsch aussieht und meinen Besuchern Gelegenheit gibt, meine Neigung zu exotischen Dingen zu bekritteln, und weil er sie zugleich hindert, mit mir über meine Stücke zu sprechen. Ich habe nun gemerkt, daß ich immer, wenn ich (nach meiner Ansicht) gut gearbeitet habe (übrigens auch nach Lektüre von Kritiken), diesem Punchingball einige launige Stöße versetze, während ich in Zeiten der Faulheit und des körperlichen Verfalls gar nicht daran denke, mich durch anständiges Training zu bessern. (Schriften, 21 – 123,18-28)

*

Es ist die genußvolle Anstrengung der jungen Männer, sich Laster anzueignen (und die grauenvolle Bemühung der Alten, Gewohnheiten nicht zu verlieren). Das Laster ist das Neue, Starke, Überraschende, Fremde. [. . .] So ist das Motorrad für uns nicht das

Mittel, möglichst schnell wohin zu kommen, sondern eher das Mittel, nicht an einem Ort zu bleiben und *schnell* fahren zu können: die Straßen sind zu kurz. (Schriften, 21 – 124,26-125,2)

*

Wiewohl ich erst 22 Jahre zähle, aufgewachsen in der kleinen Stadt Augsburg am Lech, und nur wenig von der Erde gesehen habe, außer den Wiesen um diese Stadt mit Bäumen und einige andere Städte, aber nicht lang, trage ich den Wunsch, die Welt vollkommen überliefert zu bekommen. Ich wünsche alle Dinge *mir* ausgehändigt sowie die Gewalt über die Tiere, und ich begründe meine Forderung damit, daß ich nur *ein*mal vorhanden bin. (Journale, 26 – 118,5-12)

*

Oft wundere ich mich selber, daß mein Gedächtnis so schwach ist. Alle meine Angelegenheiten, auch die gefährlichsten, vergesse ich umgehend. Selbst die Geliebte meiner Jugend, der ich sehr zugetan war und die mir wegen einer merkwürdigen Gleichgültigkeit meinerseits entglitt, kommt mir heute in der Erinnerung vor wie die Gestalt in einem Buche, das ich gelesen habe. (Journale, 26 – 288,4-10)

*

Die jungen Mädchen lieben uns nicht.
Wir Dichter singen ja nur von der Liebe, zum
Scherze . . .

(Gedichte, 13 – 96)

*

Sagte mir einst eine Frau beim Beginne:
Was sie beim Künstler so wenig verschmerzen
Sei, daß er immer die Frau über seiner Liebe vergesse.
Weihrauch bringt ihr uns. Weihrauch und – Kerzen.
Und wir erregen statt eurer Sinne –
Nur Interesse. (Gedichte, 13 – 98)

*

Mit beinahe 30 Jahren sind Maschinen, Philosophien, Geldgeschäfte mir noch fremd, ich schiebe sie sozusagen einfach auf – bis zu welcher Zeit, weiß ich nicht. (Journale, 26 – 293,5-7)

*

Ich bin jetzt 36 Jahre alt und habe diese Jahre nicht müßig verbracht; das kann ich sagen, wenn ich weniger meiner Leistungen und mehr meiner Mühen gedenke und wenn ich für manchen zur Entschuldigung anführe, daß ich in einer Zeit lebe, wo man nicht nur leicht Zeit vergeudet, sondern auch um solche bestohlen wird. [...] Ich habe vorteilhafte Verträge abgeschlossen, die mir ein meinen Wünschen entsprechendes Leben ermöglichten, ich besitze Häuser, einen Wagen, ich unterhalte eine Familie, beschäftige Sekretäre, und das obwohl der Charakter meiner Arbeiten ein eher marktfremder genannt werden muß. Aber selbst wenn ich unpraktisch wäre, in dem Sinn, wie ich mich ratlos genannt habe, sind auch Praktische ratlos, ich weiß es.

(Journale, 26 – 302,5-25)

*

Geduld? Das ist gerade, was ich nicht habe. Schurke, ich bin 37 Jahre alt. Alexander starb mit 33. Er hatte 618 Städte erobert. Es ist klar, ich muß mich beeilen.

(Don Juan, 9 – 213,36-38)

*

Ich beobachte, daß ich anfange, ein Klassiker zu werden. (Journale, 26 – 230,8f.)

*

Eine gewisse natürliche Würdelosigkeit bewahrte ihn vor den Folgen der Popularität.

(Schriften, 21 – 190,36f.)

*

Mein Lehrer ist sehr ungeduldig. Er will alles oder nichts. Oft denke ich: auf diese Forderung antwortet die Welt gerne mit: nichts. (Schriften, 22 – 46,14-16)

*

Ein chinesischer Philosoph hat gesagt: Wenn man wissen will, was der Frühling ist, muß man an den Winter denken. Er meinte: sich erinnernd an die dunklen, leeren Äste im Winter, sieht man den blühenden Apfelbaum mit noch mehr Freude. So geht es mir, wenn ich eine der guten neuen Schulen sehe, eine der guten, denn es sind noch lange nicht alle gut. Aber die guten unserer neuen Schulen sind so viel besser als die besten alten zu meiner Zeit. – Als ich in eurem Alter war und in die Schule ging, waren die Lehrer unsere Feinde. (Schriften, 23 – 215,15-24)

*

In den normal genannten Zeiten, wo die Vernichtung menschlicher Werte ein gewisses Maß nicht überschreitet und die Jugend nicht ausgesondert wird zum Vernichten und Vernichtetwerden, hat es schon wenig Sinn, gerade von der Jugend besondere Neuerungen zu erwarten. Die Jahrgänge ergießen sich in unaufhörlichen Folgen in das große Becken der Gesellschaft, das sie alle mischt, und die Mischung verändert sich, wenn sie selbst sich verändert, wenigstens durch diese Zuströme. Von denen allerdings, die im Hitlerjahrzehnt jung waren, kann man sagen, daß sie zu einer Art Kollektivum gebildet wurden, als Bürgertum und Kleinbürgertum sich nazifizierte. Ihre Jugend wurde förmlich als ein Mythos etabliert. Sie hatten die Ehre, die Gauleiter und Marschälle des kommenden Weltreichs zu werden, und vor allem, für dieses zu sterben. Ihnen wurde der Sozialismusersatz chemisch rein zugeführt, und der echte Stoff ist für sie nun besonders schwer erkenntlich und verdaulich. Nicht nur ihre Laster, sondern auch ihre Tugenden wurden hitlerisiert. Sie vereinen das Denkvermögen von Kindern mit der Unbelehrbarkeit von Greisen. Unsicherer noch als ihre geistigen sind ihre seelischen Regungen. Nur Vernunft könnte diese Impulse entgiften, aber Vernunft kann nicht einfach, in Form von Lehrmitteln, geliefert werden; sie muß produziert werden in dem großen Produktionsprozeß der Gesellschaft. Nur hier, wo die Jugend wieder aufgelöst werden wird, liegen die Lösungen, und man sollte die bequeme Hoffnung aufgeben, diese jungen

Leute hätten viel gelernt von ihren Erlebnissen katastrophaler Art. Die Erlebnisse lehren nur den, der lernen will und gelernt hat zu lernen.

(Schriften, 23 – 130,36-131,24)

*

Natürlich war ich auch begabt, vor 40 Jahren besonders. Jüngere Leute sind meistens begabt; das sind Geschlechtskrankheiten. (Journale, 27 – 363,1f.)

*

Die Jugend bedeutet die Zukunft eines Volkes, aber erst, wenn sie erwachsen ist.

(Buch der Wendungen, 18 – 156,6-8)

*

Ich, der dies schreibt, schreibe es auf einer Maschine, die zur Zeit meiner Geburt nicht bekannt war. Ich bewege mich in den neuen Fahrzeugen mit einer Geschwindigkeit, die sich mein Großvater nicht vorstellen konnte; nichts bewegte sich damals so schnell. Und ich erhebe mich in die Luft, was mein Vater nicht konnte. Mit meinem Vater sprach ich schon über einen Kontinent weg, aber erst mit meinem Sohn zusammen sah ich die bewegten Bilder von der Explosion in Hiroshima.

(Kleines Organon für das Theater, 23 – 71,25-33)

*

Ich bin aufgewachsen als Sohn
Wohlhabender Leute. Meine Eltern haben mir
Einen Kragen umgebunden und mich erzogen
In den Gewohnheiten des Bedientwerdens
Und unterrichtet in der Kunst des Befehlens. Aber

Als ich erwachsen war und um mich sah
Gefielen mir die Leute meiner Klasse nicht
Nicht das Befehlen und nicht das Bedientwerden
Und ich verließ meine Klasse und gesellte mich
Zu den geringen Leuten. (Gedichte, 12 – 84f.)

*

Ach, ich wünschte mir stets, meine Kindheit möge nie enden. (Gedichte, 14 – 211)

2
Übers Jahr

Jetzt wachen nur mehr Mond und Katz
Die Menschen alle schlafen schon
Da trottet übern Rathausplatz
Bert Brecht mit seinem Lampion.

Wenn schon der junge Mai erwacht
Die Blüten sprossen für und für
Dann taumelt trunken durch die Nacht
Bert Brecht mit seinem Klampfentier.

(Gedichte, 13 – 93f.)

*

Das Frühjahr kommt.
Das Spiel der Geschlechter erneuert sich
Die Liebenden finden sich zusammen.
Schon die sacht umfassende Hand des Geliebten
Macht die Brust des Mädchens erschauern.
Ihr flüchtiger Blick verführt ihn.

(Gedichte, 14 – 127)

*

Das Frühjahr kommt! Wach auf, du Christ!
Der Schnee schmilzt weg! Die Toten ruhn!
Und was noch nicht gestorben ist
Das macht sich auf die Socken nun.

(Mutter Courage und ihre Kinder, 6 – 86,6-9)

*

Sommer, in der engen Kammer. Sommer. In unserm weißen Bett. Wenn wir die Fenster aufreißen, schlägt sein Geruch herein in die Kammer, wo das Holz fast blüht, und man sieht in den Himmel hinein, schamlos. Aber ich will das Zimmer ganz mit dir füllen. Deine Haut ist weich wie gebläht. Ich bin betrunken und du schwankst. Der Himmel ist violett, wir fahren mit der Schaukel, Malaga und Madeira im Bauch und der Himmel ist violett. Ich liebe Dich.

(Baal, 1 – 48, 13-20)

*

Der Sommer ist die schönste Jahreszeit (außer Frühling, Winter und Herbst! Während er ist, liebe ich ihn am meisten!) (Gedichte, 11 – 27)

*

Im Juli habe ich ein Verhältnis mit dem Himmel, ich nenne ihn Azurl, herrlich, violett, er liebt mich. Es ist Männerliebe. (Gedichte, 11 – 32)

*

Tag für Tag
Sehe ich die Feigenbäume im Garten
Die rosigen Gesichter der Händler, die Lügen kaufen
Die Schachfiguren auf dem Tisch in der Ecke
Und die Zeitungen mit den Nachrichten
Von den Blutbädern in der Union.

(Gedichte, 15 – 74)

*

Diese hellen Nächte sind sehr schön. Gegen drei Uhr stand ich auf, der Fliegen wegen, und ging hinaus. Hähne krähten, aber es war nicht dunkel gewesen.

Und ich liebe es so, im Freien das Wasser abzuschlagen.
Merkwürdigerweise denke ich nie an Arbeit zu solcher Stunde. Es ist nicht Arbeitszeit.

(Journale, 26 – 399,30-35)

*

Ein Frühjahrsabend in der Vorstadt.
Die vier Häuser der Kolonie
Sehen weiß aus in der Dämmerung.
Die Arbeiter sitzen noch
Vor den dunklen Tischen im Hof.
Sie sprechen von der gelben Gefahr.
Ein paar kleine Mädchen holen Bier
Obwohl das Messingläuten der Ursulinerinnen schon herum ist
In Hemdärmeln lehnen sich ihre Väter aus den Kreuzstöcken.
Die Nachbarn hüllen die Pfirsichbäumchen an der Häuserwand
In weiße Tüchlein wegen des Nachtfrosts.

(Gedichte, 14 – 429f.)

*

Frühjahr, Sommer und Herbst – wie ich euch sagte, sind den Städten ein Nichts, aber der Winter ist merkbar.

(Gedichte, 13 – 389)

3
Von der Natur und den Dingen

Woher der Affe, wenn der Saurier nicht konkurrenz-*un*fähig war? (Dreigroschenroman, 16 – 304,17f.)

*

Die Natur ist schlau. Sie setzt durch, was sie will. Und warum? Weil sie gerissen ist!

(Dreigroschenroman, 16 – 290,23f.)

*

Der erste Blick aus dem Fenster am Morgen
Das wiedergefundene alte Buch
Begeisterte Gesichter
Schnee, der Wechsel der Jahreszeiten
Die Zeitung
Der Hund
Die Dialektik
Duschen, Schwimmen
Alte Musik
Bequeme Schuhe
Begreifen
Neue Musik
Schreiben, Pflanzen
Reisen
Singen
Freundlich sein

(Gedichte, 15 – 287)

*

Der Weltraum gibt uns den Beweis, daß es ein Nonplusultra nicht gibt, unser Gehirn faßt die Unendlichkeit nicht und begnügt sich nicht mit der Endlichkeit. Niemand weiß also, was uns bevorsteht.

(Schriften, 21 – 95,9-11)

*

Abends ein bis sieben Gewitter. Grüne Wiesen im Schwefellicht, dunkelblaue Bäume, Wasserlachen wie Löcher in der Erde, die aufbrach. Irgendwie hängt man elektrisch mit den Entladungen zusammen, die Blitze machen einem Mut und ziehen die Gesichtshaut straff: So entsteht Klarheit. Ich liebe Gewitter.

(Journale, 26 – 127,18-23)

*

Der Park kann nicht gedacht werden, ohne daß der Urwald gedacht wird.
Er ist der bezwungene Urwald. Hört der Zwang auf, wird er wieder Urwald.
Beide können auch verschwinden, sie arbeiten darauf hin.

(Schriften, 23 – 361,31-35)

*

Sogar das unvernünftige Schwein
Zertritt, vor es verhungert
Sein geliebtes Ferkel
Und frißt es
Mit zitterndem Rüssel

(Der Brotladen, 10 – 658,25-29)

*

Frühjahr, Zeit des Schmutzes und der Geburten. Die Aussicht, Ischias, Wanzen und Nationalsozialismus zurückzulassen. (Journale, 26 – 473,29f.)

*

Seht euch den Himmel an zwischen den Bäumen, der jetzt dunkel wird. Ist das nichts? Dann habt ihr keine Religion im Leibe. (Baal, 1 – 42)

*

Geben Sie mir den blauen Himmel und eine Handvoll Ähren, weiche Frauenarme und Freiheit, hinzugehen wo ich will. Das ist Ruhe in der Seele.

(Baal, 1 – 55,8-11)

*

Meine Seele ist das Ächzen der Kornfelder, wenn sie sich unter dem Wind wälzen. Und das Funkeln in den Augen zweier Insekten, die sich fressen wollen. Ich erschrecke, wenn ich einen Baum sehe, der sich durch einen engen Hof qualvoll durch fünf dunkle Jahre in eine karge Helle hinaufarbeitete. (Baal, 1 – 63,22-26)

*

Das Frühjahr kommt. Die linden Winde
Befreien die Schären vom Wintereis.
Die Völker des Nordens erwarten zitternd
Die Schlachtflotte des Anstreichers.

(Gedichte, 12 – 96)

*

Ich habe nichts zu tun, schlafe schlecht, magere ab. [. . .] Die Zugvögel kacken auf mich und meine Insel: aber es wächst nichts. (Journale, 26 – 237,2-7)

*

Die Schwärmerei für die *Natur* kommt von der Unbewohnbarkeit der Städte.

(Buch der Wendungen, 18 – 116,15f.)

*

Das kleine Haus unter Bäumen am See
Vom Dach steigt Rauch
Fehlte er
Wie trostlos dann wären
Haus, Bäume und See.

(Gedichte, 12 – 308)

*

Der Mensch ist die Krone der Schöpfung: er vermag alles. Er kann aus einem Paradiesapfel Scheiße machen. (Journale, 26 – 245,16f.)

*

Ich glaube, der Mensch ist eine Rasse, die im Schöpfungsplan nicht vorgesehen war. Welche Tatsache im Laufe ihrer nur wenige Jahrtausende dauernden Lebenszeit nur von wenigen Exemplaren erkannt wurde, die übrigens selber noch nicht die Stufe der Ichthyosaurier erreicht haben können. Ich möchte damit, wie man sich wohl denken kann, keinem Menschen persönlich zu nahe treten. – Ich würde zu keiner anderen Gruppe weniger gern gehören als zu der der Unzufriedenen. (Journale, 26 – 284,8-14)

*

Mit Ochsen hab ich Mitleid, der Mensch ist schlecht.

(Die heilige Johanna der Schlachthöfe, 3 –146,35)

*

Kommst du mit fischen? – fragte der Fischer den Wurm. (Die Rundköpfe und die Spitzköpfe, 4 – 173,11f.)

*

Beharre nicht auf der Welle
Die sich an deinem Fuß bricht, solange er
Im Wasser steht, werden sich
Neue Wellen an ihm brechen.

(Gedichte, 14 – 64)

*

Die Menschen schweigen, der Stein hat beschlossen zu reden. (Schriften, 24 – 268,6f.)

*

Freilich dreht das Rad sich immer weiter
Daß, was oben ist, nicht oben bleibt.
Aber für das Wasser unten heißt das leider
Nur: daß es das Rad halt ewig treibt.

(Gedichte, 14 – 207)

*

Der Regen fließt von oben nach unten
Und zwei mal zwei ist vier

(Gedichte, 15 – 83)

*

Vielleicht fällt Regen doch von unten nach oben!

(Die Rundköpfe und die Spitzköpfe, 4 – 262,39)

*

Und ich lernte, wieso und weswegen
da ein Riß ist durch die Welt!
Und der bleibt zwischen uns, weil der Regen
Von oben nach unten fällt.

Mich aber, mich nahm es nicht wunder
Ich kam Ihnen frühzeitig drauf:
Der Regen fließt eben herunter
Und fließt eben nicht hinauf.

Der Regen kann nicht nach aufwärts
Weil er's plötzlich gut mit uns meint
Was er kann, das ist: er kann aufhören
Nämlich dann, wenn die Sonne scheint.

(Gedichte, 11 – 210)

*

Der Regen
Kehrt nicht zurück nach oben
Wenn die Wunde nicht mehr schmerzt
Schmerzt die Narbe.

(Gedichte, 11 – 171)

*

Als Kinder hatten wir einen Kranich mit einem lahmen Flügel. Er war freundlich zu uns und trug uns keinen Spaß nach und stolzierte hinter uns drein, schreiend, daß wir nicht zu schnell für ihn liefen. Aber im Herbst und im Frühjahr, wenn die großen Schwärme über das Dorf zogen, wurde er sehr unruhig, und ich verstand ihn gut.

(Der gute Mensch von Sezuan, 6 – 206,24-29)

*

Die Heimat des Menschengeschlechts setzen sie einem Wandelstern gleich. Mensch, Tier, Pflanze und Erdreich verpacken sie auf einen Karren und treiben ihn im Kreis durch einen leeren Himmel.

Erde und Himmel gibt es nicht mehr nach diesen. Die Erde nicht, weil sie ein Gestirn des Himmels ist, und den Himmel nicht, weil er aus Erden besteht. Da ist kein Unterschied mehr zwischen Oben und Unten, zwischen dem Ewigen und dem Vergänglichen. Daß wir vergehen, das wissen wir. Daß auch der Himmel vergeht, das sagen sie uns jetzt. Sonne, Mond und Sterne und wir leben auf der Erde, hat es geheißen und steht es geschrieben; aber jetzt ist auch die Erde ein Stern nach diesen da. Es gibt nur Sterne! Wir werden den Tag erleben, wo sie sagen: es gibt auch nicht Mensch und Tier, der Mensch selber ist ein Tier, es gibt nur Tiere!

(Leben des Galilei. 1938/39, 5 – 53,8-21)

*

Die Himmel, hat es sich herausgestellt, sind leer. Darüber ist ein fröhliches Gelächter entstanden.
Aber das Wasser der Erde treibt die neuen Spinnrokken, und auf den Schiffswerften, in den Seil- und Segelhäusern regen sich fünfhundert Hände in einer neuen Ordnung.
Selbst die Söhne der Fischweiber laufen in die Schulen. Auf den Märkten wird von den Gestirnen gesprochen.
Es hat immer geheißen, die Gestirne sind an einem kristallenen Gewölbe angeheftet, daß sie nicht herunterfallen können. Jetzt haben wir Mut gefaßt und lassen sie im Freien schweben, ohne Halt, und sie sind in großer Fahrt, gleich uns, ohne Halt und in großer Fahrt.

Das Weltall aber hat über Nacht seinen Mittelpunkt verloren und am Morgen hatte es deren unzählige. So daß jetzt jeder als Mittelpunkt angesehen wird und keiner. Denn da ist viel Platz plötzlich.

(Leben des Galilei. 1938/39, 5 – 11,1-16)

*

Vierzig Jahre unter den Menschen haben mich ständig gelehrt, daß sie der Vernunft nicht zugänglich sind. Zeige ihnen einen roten Kometenschweif, jage ihnen eine dumpfe Angst ein, und sie werden aus ihren Häusern laufen und sich die Beine brechen. Aber sage ihnen einen vernünftigen Satz und beweise ihn mit sieben Gründen und sie werden dich einfach auslachen. (Leben des Galilei. 1938/39, 5 – 30,22-28)

*

Wie könnten die Mächtigen einen frei herumlaufen lassen, der die Wahrheit weiß, und sei es eine über die entferntesten Gestirne. Meinst du, der Papst hört deine Wahrheit, wenn du sagst, er irrt, und hört nicht, daß er irrt? Glaubst du, er wird einfach in sein Tagebuch schreiben: 10. Januar 1610 – Himmel abgeschafft? (Leben des Galilei. 1955/56, 5 – 214,19-24)

*

Das Weltbild des göttlichen Aristoteles mit seinen mystisch musizierenden Sphären und kristallenen Gewölben und den Kreisläufen seiner Himmelskörper und dem Schiefenwinkel der Sonnenbahn und den Geheimnissen der Satellitentafeln und dem Sternenreichtum des Katalogs der südlichen Halbkugel und der erleuchteten Konstruktion des celestialen

Globus ist ein Gebäude von solcher Ordnung und Schönheit, daß wir wohl zögern sollten, diese Harmonie zu stören. [...] Jupiterplaneten würden die Sphärenschale durchstoßen. Es ist ganz einfach. – Sie werden sich wundern: Es gibt keine Sphärenschale. [...] *Der Mann hatte kein Fernrohr*!

(Leben des Galilei. 1955/56, 5 – 220-222)

*

Es gibt Erscheinungen, die uns Astronomen Schwierigkeiten bereiten, aber muß der Mensch alles verstehen? (Leben des Galilei. 1938/39, 5 – 53,5-7)

*

Die Winkelsumme im Dreieck kann nicht nach den Bedürfnissen der Kurie abgeändert werden. Die Bahnen fliegender Körper kann ich nicht so berechnen, daß auch die Ritte der Hexen auf Besenstielen erklärt werden. (Leben des Galilei. 1955/56, 5 – 246,20-24)

*

Es ist verständlich, daß die Leute hierzulande ihre Landschaft lieben. Sie ist so sehr reich und zeigt Großes gemischt. Die fischreichen Gewässer und schönbaumigen Wälder mit ihrem Beeren- und Birkengeruch. Die ungeheuren Sommer, über Nacht einbrechend nach unendlichen Wintern, eine starke Hitze nach einer starken Kälte. Und wie der Tag verschwindet im Winter, so verschwindet im Sommer die Nacht. Dann ist die Luft so kräftig und wohlschmekkend, daß sie fast allein sättigt. Und welch eine Musik füllt diesen heiteren Himmel! Beinahe unaufhörlich geht Wind, und da er auf viele verschiedenen

Pflanzen trifft, Gräser, Korn, Gesträuche und Wälder, entsteht ein sanfter, an- und abschwellender Wohlklang, der kaum mehr wahrgenommen wird und dennoch immer da ist. (Journale, 26 – 400,23-35)

*

Was ich gerne mache, ist das Wässern des Gartens. Merkwürdig, wie das politische Bewußtsein all diese alltäglichen Verrichtungen beeinflußt. Woher sonst kommt die Sorge, eine Stelle des Rasens könnte übersehen werden, die kleine Pflanze dort könnte nichts abbekommen oder weniger, der alte Baum dort könnte vernachlässigt werden, weil er so stark aussieht. Und Unkraut oder nicht, Wasser braucht, was grün ist, und man entdeckt soviel Grünes in der Erde, wenn man erst einmal zu gießen anfängt.

(Journale, 27 – 130,9-17)

*

O Sprengen des Gartens, das Grün zu ermutigen!
Wässern der durstigen Bäume! Gib mehr als genug
und
Vergiß nicht das Strauchwerk, auch
Das beerenlose nicht, das ermattete
Geizige. Und übersieh mir nicht
Zwischen den Blumen das Unkraut, das auch
Durst hat. Noch gieße nur
Den frischen Rasen oder den versengten nur
Auch den nackten Boden erfrische du.

(Gedichte, 15 – 89)

*

[. . .] mein Garten lehrt mich
Dies kleine Reich der Beete und Rabatten
Daß selbst die edle Rose von Milet
Von allzu üppigem Wuchs beschnitten sein muß
Soll sie gedeihn. Auch muß sie sich drein finden
Daß Kohl und Lauch und allerlei Gemüse
Von niedrer Abstammung, doch ziemlich nützlich
An ihrer Seit ihr Wasser abbekommen.

Der Garten müßt verwildern, dächt man
Der königlichen Rose nur.

(Coriolanus, 9 – 32,18-30)

*

Von allen Farben deprimiert am tiefsten das Rosenrot. (Schriften, 23 – 375,28)

*

Merkwürdig, ich kann in diesem Klima nicht atmen. Die Luft ist völlig geruchlos, morgens und abends gleich, im Haus wie im Garten. Und es gibt keine Jahreszeiten. Überall gehörte es zu meinen Morgenverrichtungen, mich aus dem Fenster zu beugen und Luft zu schnappen; hier habe ich diese Verrichtung gestrichen. Da ist weder Rauch noch Gasgeruch zu haben. Die Pflanzen kommen mir vor wie die Zweige, die wir als Kinder in den Sand steckten; zehn Minuten später hingen die Blätter welk herab. Immerfort wartet man, auch hier könne die Bewässerung plötzlich abgestellt werden, und was dann? Mitunter, besonders im Auto nach Beverly Hills fahrend, nehme ich so etwas wie Züge einer Landschaft wahr, die »eigentlich« anziehend wirken: sanfte Hügellinien, Zitronengebüsch, eine kalifornische Eiche und auch die eine oder andre Tankstation ist eigentlich lustig; aber all das steht wie hinter einer Glasscheibe, und ich suche unwillkürlich an jeder Hügelkette oder an jedem Zitronenbaum ein kleines Preisschildchen. Diese Preisschildchen sucht man auch an Menschen. (Journale, 27 – 50,13-30)

*

Stehend an meinem Schreibpult
Sehe ich durchs Fenster im Garten den Holderstrauch
Und erkenne darin etwas Rotes und etwas Schwarzes
Und erinnere mich plötzlich des Holders
Meiner Kindheit in Augsburg.
Mehrere Minuten erwäge ich
Ganz ernsthaft, ob ich zum Tisch gehn soll
Meine Brille holen, um wieder
Die schwarzen Beeren an den roten Zweiglein zu sehen.

(Gedichte, 15 – 294)

4
Über die Liebe

Haben Sie schon einmal von der Macht der Liebe oder dem Kitzel des Fleisches gehört?

(Der gute Mensch von Sezuan, 6 – 225,32f.)

*

Und die Liebe ist, wie wenn man seinen nackten Arm in kühlem Teichwasser schwimmen läßt, mit Tang zwischen den Fingern, wie die süße Qual vor der der trunkene Baum knarrend zu singen anhebt, auf dem der wilde Wind reitet, wie ein schlürfendes Ertrinken im Wein an einem heißen Tag, und ihr Leib rinnt einem wie sehr kühler Wein in alle Lücken und Falten, und die Kraft kracht in den Gelenken, und die Wucht des Anpralls, der nachgegeben wird, ist wie Fliegen gegen den Sturm und es nimmt einem den Atem und preßt einen zusammen, daß die Kraft inwendig noch steigt und übermächtig wird und explodiert und ihr Leib wälzt sich wie kühler Kies über dich. Aber die Liebe ist auch wie eine Kokosnuß, die gut ist, solange sie frisch ist, und die man ausspeien muß, wenn der Saft ausgequetscht ist und das Fleisch überbleibt, welches bitter schmeckt.

(Baal, 1 – 29,7-21)

*

Mit neunzehn soll die Liebe noch geistig sein. Fühlst du ihre Kniee manchmal, die sicher sehr dünn sind und graziös und dazu neigen, zu taumeln und einzuknicken? Das ist alles genug, und der dünne Stoff vermehrt den Genuß. Stelle dir vor, daß sie weiße Wäsche trägt über den braunen Gliedern, ein schneeweißes Hemd, das ihr Kostbarstes sorgsam und keusch einhüllt. Du mußt dich selbst zu einer Hülle für sie machen, daß nichts Schmutziges sie befleckt, denn wenn du sie genommen hast, bleibt nichts von ihr als ein Haufen Fleisch, der immer begehrt.

(Baal, 1 – 28,2-12)

*

Wenn du die jungfräulichen Hüften umspannst, zuckt warmes Leben in deinen Händen und in der Angst und Seligkeit der Kreatur wirst du zum Gott. Im Tanz durch Höllen, hopp! und gepeitscht durch Paradiese, hopp! Ihr zittert, aber das ist Kraft, und du weißt nicht, bist du's oder ist es sie. Wie zwei Bäume die Wurzeln durcheinanderschieben, so verstricken sich eure Glieder, ihr versteckt euch eins im andern.

(Baal, 1 – 28,20-27)

*

Aber die Liebe ist wundervoll und für alle Geschlechter gleich herrlich. Sie ist, wie wenn man in eine Orange beißt, daß der Saft einem in die Zähne schießt. (Baal, 1 – 29,2-4)

*

Die Liebe, die ich spürte
War eine Himmelsmacht.
Meine Leute habens nicht begriffen
Daß ich ihn lieb und nicht veracht.
In einer trüben Früh

Begann mein Qual und Müh
Das Regiment stand im Geviert
Dann wurd getrommelt, wies der Brauch
Dann ist der Feind, mein Liebster auch
Aus unsrer Stadt marschiert.

(Mutter Courage und ihre Kinder, 6 – 28,35f.)

*

Hat ein Weib fette Hüften
Tu ich sie ins grüne Gras –
Rock und Hose tu ich lüften
Zärtlich – denn ich liebe das.

(Baal, 1 – 51,23-26)

*

So halb im Schlaf in bleicher Dämmerung
An deinem Leib, so manche Nacht: *der* Traum.
Gespenstige Chausseen unter abendbleichen
Sehr kalten Himmeln. Bleiche Winde. Krähen
Die nach der Speise schreien, und nachts kommt Regen.
Mit Wind und Wolken, Jahre über Jahre
Verschwimmt dein Antlitz, Bittersüße, wieder
Und in dem kalten Wind fühl ich erschaudernd
Leicht deinen Leib, so halb im Schlaf, in Dämmerung
Ein wenig Bitternis noch im Gehirn.

(Gedichte, 13 – 133)

*

Liebe bleibt nicht, wenn sie kontrolliert wird.

(Buch der Wendungen, 18 – 187,31f.)

*

Sieben Rosen hat der Strauch
Sechs gehörn dem Wind
Aber eine bleibt, daß auch
Ich noch eine find.

Sieben Male ruf ich dich
Sechsmal bleibe fort
Doch beim siebten Mal, versprich
Komme auf mein Wort.

(Gedichte, 15 – 241)

*

Und das Lächeln, das mir galt
Gilt nun einem andern
Konnt ich's nicht behalten halt
Muß ich's lassen wandern.

(Gedichte, 15 – 287)

*

Was du aus Liebe machst, kann dich nicht entwürdigen. (Buch der Wendungen, 18 – 193,31f.)

*

Sieh jene Kraniche in großem Bogen!
Die Wolken, welche ihnen beigegeben
Zogen mit ihnen schon, als sie entflogen
  Aus einem Leben in ein andres Leben.
  In gleicher Höhe und mit gleicher Eile
  Scheinen sie alle beide nur daneben.
Daß also keines länger hier verweile
Daß so der Kranich mit der Wolke teile
Den schönen Himmel, den sie kurz befliegen
  Und keines andres sehe als das Wiegen

Des andern in dem Wind, den beide spüren
Die jetzt im Fluge beieinander liegen.
So mag der Wind sie in das Nichts entführen:
Wenn sie nur nicht vergehen und sich bleiben
So lange kann sie beide nicht berühren
So lange kann man sie von jedem Ort vertreiben
Wo Regen drohen oder Schüsse schallen.
So unter Sonn und Monds wenig verschiedenen Scheiben
Fliegen sie hin, einander ganz verfallen.
Wohin, ihr?
Nirgendhin.
Von wem entfernt?
Von allen.
Ihr fragt, wie lange sind sie schon beisammen?
Seit kurzem.
Und wann werden sie sich trennen?
Bald.
So scheint die Liebe Liebenden ein Halt.

(Gedichte, 14 – 15f.)

*

Es ist in gewissem Sinne merkwürdig, was alle Welt veranlaßt, gewisse physiologische Hitzen in ihren Gedärmen mit einem weiten und schwammigen Begriff »Liebe« zu vermengen, der z.B. ohne eine gewisse Vortrefflichkeit der weiblichen bzw. männlichen Partner nicht existieren könnte. Dabei ist es unverborgen, daß die großen Philosophen ihre Dienstmägde befriedigen und die Leute, die über Reinheit und seelische Regsamkeit wachen, ohne

Wahl, ohne Scham, ausschließlich mit halben Kretins schlafen. (Schriften, 21 – 91,33-92,2)

*

Das Moment der Erreichbarkeit bestimmt die Intensität des Sexualwunsches. (Fatzer, 10 – 524,4f.)

*

Liebe! Die Krebse paaren sich im September, die Menschen immer. (Die Päpstin Johanna, 10 – 164,19f.)

*

Herr, was ist Liebe? Warum liebt der Mensch?
Der eine findet einen Menschen und
Er liebt ihn. Und der andere will lieben
Und sucht sich einen Menschen dazu. So
Liebt einer den Geliebten und der andere
Das Lieben. Doch das eine nenn ich Schicksal
Das andere Brunst.

(Die Spitzköpfe und die Rundköpfe, 4 – 75,34 – 76,1)

*

In meine leeren Schaukelstühle vormittags
Setze ich mir mitunter ein paar Frauen
Und ich betrachte sie sorglos und ich sage ihnen:
In mir habt ihr einen, auf den könnt ihr nicht bauen.

(Gedichte, 11 – 120)

*

Es walten zwei Geschicke in der Liebe
Das eine wird geliebt, das andre liebt
Eins erntet Balsam und das andre Hiebe
Es nimmt das eine und das andre gibt.
Verhülle dein Gesicht, wenn Glut es rötet.
Verbiet dem Busen zu gestehen, was er litt!

Reich ihm, den du da liebst, das Messer, und er tötet.
Weiß er, du liebst ihn, macht er seinen Schnitt.

(Turandot, 9 – 177,18-25)

*

Im Zustand der gefüllten Samenblase sieht der Mann in jedem Weib Aphrodite. (Gedichte, 11 – 318)

*

Wenn ich einen Nachmittag weg bin, ist alles durcheinander auf dem Gut. Und warum, frag ich, sind die Gäul im Klee? Weil der Stallmeister was hat mit der Gärtnerin. Und warum ist die junge Kuh, die nur ein Jahr und zwei Monat alt ist, schon betreten, daß sie mir nicht mehr wachsen wird? Weil die Futtermeisterin was hat mit dem Praktikanten. Da hat sie natürlich keine Zeit zum Aufpassen, daß der Stier nicht meine jungen Küh betritt, sie laßt ihn einfach los, auf was er Lust hat. Schweinerei! Und wenn die Gärtnerin, ich werd reden mit ihr, nicht mit dem Stallmeister herumläg, würd ich nicht nur hundert Kilo Tomaten verkaufen dieses Jahr, wie soll sie das richtige Gefühl für meine Tomaten haben, das ist immer eine kleine Goldgrube gewesen, ich verbiet diese Liebeleien auf dem Gut, sie kommen mich zu teuer [...] Und solche Wörter wie Liebe verbitt ich mir, daß du in den Mund nimmst, das ist nur ein andrer Ausdruck für Schweinerei, und die duld ich nicht auf Puntila.

(Herr Puntila und sein Knecht Matti, 6 – 331,22ff.)

*

Einigen gegenüber, die entweder der strengen Ehe oder aber der durch nichts gehemmten Sexualität zu viel Bedeutung beimaßen, fanden andere, politische Leute die Losung für richtiger, Liebe sei zu genießen wie ein Glas Wasser, also beiläufig, einem raschen Durste rasch folgend, ohne besondere Auswahl so, wie man unter dem Wasser nicht besonders auswählt. Nach diesen war der Wunsch zu lieben ein Trieb wie der zu essen oder zu schlafen, mitunter angenehm, manchmal lästig, auf keinen Fall eine besondere tiefere Aufmerksamkeit beanspruchende Sache, und Lenin widersprach ihnen. Lenin fand nicht, daß Liebe solch ein Ding wäre, und hielt es nicht für nützlich, in solchem Ton von ihr zu sprechen. Ohne Genaueres über sie zu sagen oder auch nur länger bei ihr als Gesprächsgegenstand zu verweilen, verwarf er doch schnell und heftig das Wort vom Glas Wasser. Aus der Liebe wird oft so viel Wesens gemacht, daß vernünftige Leute ungeduldig werden können. Sie wird aus dem gewöhnlichen Leben ganz herausgenommen, für sich allein gestellt, als stehe sie über oder doch wenigstens außer dem Leben und müsse ganz für sich betrachtet werden.

(Schriften, 22 – 28,31-29,10)

*

Ich spreche nicht über die fleischlichen Freuden, obgleich über sie viel zu sagen wäre, noch über die Verliebtheit, über die weniger zu sagen ist. Mit diesen beiden Erscheinungen käme die Welt aus, aber die Liebe muß gesondert betrachtet werden, da sie eine

Produktion ist. Sie verändert den Liebenden und den Geliebten, ob in guter oder in schlechter Weise.

(Buch der Wendungen, 18 – 175,32-37)

*

Bidi in Peking
Im Allgäu Bi
Guten, sagt *er*
Morgen, sagt sie.

(Gedichte, 15 – 274)

*

Eifersucht ist eine Furcht vor Sachbeschädigung.

(Fatzer, 10 – 524,18)

*

Die Freundin, die ich jetzt habe und die vielleicht meine letzte ist, gleicht sehr meiner ersten. Wie jene ist auch sie leichten Gemüts; wie bei jener überrascht mich tiefere Empfindung. Diese Frauen weinen, wenn sie gescholten werden, ob mit Recht oder nicht, einfach weil sie gescholten werden. Sie haben eine Sinnlichkeit, die niemand zu erregen braucht und niemandem viel hilft. Sie suchen allen zu gefallen, lassen sich aber nicht jeden gefallen, dem sie gefallen. Meine jetzige Freundin ist wie meine einstige am lieblichsten, wenn sie genießt. Und von beiden weiß ich nicht, ob sie mich lieben. (Journale, 27 – 362,3-12)

*

Mit Sparen und mit Fasten
Erholt sich keine Frau.
Liegt Linnen lang im Kasten
Wird's auch im Kasten grau.

(Gedichte, 13 – 234)

*

Ach, ich weiß, ich dürft es nie gestehen
Daß ich zittre, wenn mich seine Hand berührt
Ach, was ist mit mir geschehen
Daß ich bete, daß er mich verführt
Ach, zur Sünde schleiften mich nicht hundert Pferde
Wenn ich ihn nur nicht so begehrte.

(Gedichte, 14 – 328)

*

Der, den ich liebe
Hat mir gesagt
Daß er mich braucht

Darum gebe ich acht
Sehe auf meinen Weg und
Fürchte von jedem Regentropfen
Daß er mich ihm erschlagen könnte.

(Gedichte, 14 – 353)

*

Ich will mit dem gehen, den ich liebe.
Ich will nicht ausrechnen, was es kostet.
Ich will nicht nachdenken, ob es gut ist.
Ich will nicht wissen, ob er mich liebt.
Ich will mit ihm gehen, den ich liebe.

(Gedichte, 14 – 458)

*

Schwächen

Du hattest keine
Ich hatte eine:
Ich liebte
(Gedichte, 15 – 223)

5
Genuß und Sinnlichkeit

Das Recht des Menschen ist's auf dieser Erden
Da er doch nur kurz lebt, glücklich zu sein.

(Gedichte, 11 – 139)

*

Erst kommt das Fressen, dann kommt die Moral.

(Die Dreigroschenoper, 2 – 284,19)

*

Wenn ich etwas von mir sagen kann, so ist es, daß ich gegen diese Anfälle von sinnloser Nüchternheit ankämpfe wie ein Mann. Aber was hilft es? Sie überwinden mich immer wieder.

(Herr Puntila und sein Knecht Matti, 6 – 290,5-8)

*

Ich lebe luxuriös, mit der schönsten Frau Augsburgs, schreibe Filme. Alles am hellen Tag, die Leute sehen uns nach. Wie lange noch und Gottes Geduld reißt, ich sitze auf dem Stein, und die Hunde schiffen mich an!?

(Journale, 26 – 195,33-36)

*

O du ahnst nicht, was ich leide
Seh ich eine schöne Frau
Die den Steiß in gelber Seide
Schwenkt im Abendhimmelblau.

(Gedichte, 13 – 109)

*

Meine Hosen riechen schamlos nach Liebe.
Ich wasche mich nie mehr . . .

(Gedichte, 11 – 17)

*

In Scharlach gekleidet sitzt die Sünde und ihr Brüste sind nie leer. (Der Brotladen, 10 – 642,30f.)

*

Der Beischlaf stört die Weisheit nicht
Aber die Weisheit stört den Beischlaf

(Aus nichts wird nichts, 10 – 714,5f.)

*

Merkwürdig, wie das Manuskript während der Arbeit zum Fetisch wird! Ich bin ganz abhängig vom Aussehen meines Manuskripts, in das ich immerfort einklebe und das ich ästhetisch auf der Höhe halte. Immer wieder ertappe ich mich darauf, daß ich, nur damit die Seite ausgeht, versuche, mit einer ganz bestimmten Anzahl von Versen auszukommen für eine Änderung! (Journale, 26 – 472,17-23)

*

In fünf Jahren sah ich einmal etwas Kunstähnliches: Entlang an der Küste von Santa Monica, vor den tausend Badenden, schwebte an dünnen Drahtseilen drachenhaft, gezogen von einem Motorboot, ein dünnes, köstliches Gebilde in zarten Farben, die Reklamezeichnung einer Hautölfirma.

(Schriften, 23 – 51,26-31)

*

Es gibt bei uns sehr wenig Philosophen, die sich für Vergnügungen aussprechen. In der Tat werden die

Philosophen, welche die Vergnügungen unterbinden, oder zumindest einschränken wollen, höher gepriesen, ernster genommen. Ihre Vorschriften werden desto mehr geachtet, je weniger sie beachtet werden. Der besitzende Teil der Bevölkerung verurteilte die Vergnügungssucht der Besitzlosen aus begreiflichen Gründen, der besitzlose Teil die der Besitzenden ebenfalls aus begreiflichen Gründen. So kamen die Vergnügungen, wo immer von Moral gesprochen wurde, in schlechten Ruf. (Schriften, 23 – 361,3-12)

*

Das Leben als Leidenschaft! Ich betreibe das so. Es liegt auf der Hand, daß sie mich zugrund richtet!

(Journale, 26 – 275,36-38)

*

Den Abendhimmel macht das Saufen
Sehr dunkel, manchmal violett.

(Baal, 1 – 49,7f.)

*

Der Schnaps ist in die Toiletten geflossen
Die rosa Jalousien herab
Der Tabak geraucht, das Leben genossen
Wir segeln nach Alaska ab.

(Aufstieg und Fall der Stadt Mahagonny,
2 – 370,35-38 / Gedichte, 13 – 238)

*

Ich will Timbuktu und ein Kind und ein Haus und ohne Tür und will allein sein im Bett und mit einer Frau im Bett, die Äpfel vom Baum und das Holz vom Baum und keine Axt führen und den Baum mit Blüten, Äpfeln, Blattwerk in Großaufnahme vor meinem Fenster! Und einen Knecht zum Düngen dazu.

(Journale, 26 – 194,37-195,2)

*

Aus Nachtsturm und aus Morgenlicht
Schuf dich ein trunkner Gott
Vielleicht bist du das alles nicht
Und ich ein Idi-alist.

(Gedichte, 13 – 116)

*

Ich schätze die Tröstungen des Fleisches. Ich habe keine Geduld mit den feigen Seelen, die dann von Schwächen sprechen. Ich sage: Genießen ist eine Leistung. (Leben des Galilei. 1955/56, 5 – 254,11-14)

*

Und er ergreift ihre Brust unterm Hemd, die liebliche
Seine grobe Hand überredet sie, sorgt, daß sie
Aufsteht und hart wird, und er ergreift
Sorgsam ihr Hinterteil und wiegt es
Freudig und merkt, daß die
Enggepreßten Schenkel sich öffnen und
Ihre Hand ihn zu sich zieht, und das Spiel so alt
Erneuert sich und auch
Die beliebte Bewegung. (Fatzer, 10 – 456,20-28)

*

Seid nur nicht so faul und so verweicht
Denn Genießen ist bei Gott nicht leicht!
Starke Glieder braucht man und Erfahrung auch:
Und mitunter stört ein dicker Bauch.

(Gedichte, 11 – 107)

Beim Vögeln können Wörter Lust erregen

(Gedichte, 11 – 128)

*

Engel verführt man gar nicht oder schnell
Verzieh ihn einfach in den Hauseingang
Steck ihm die Zunge in den Mund und lang
Ihm untern Rock, bis er sich naß macht, stell
Ihn, das Gesicht zur Wand, heb ihm den Rock
Und fick ihn. Stöhnt er irgendwie beklommen
Dann halt ihn fest und laß ihn zwei Mal kommen
Sonst hat er dir am Ende einen Schock.

Ermahn ihn, daß er gut den Hintern schwenkt
Heiß ihn dir ruhig an die Hoden fassen
Sag ihm, er darf sich furchtlos fallenlassen
Dieweil er zwischen Erd und Himmel hängt –

Doch schau ihm nicht beim Ficken ins Gesicht
Und seine Flügel, Mensch, zerdrück sie nicht.

(Gedichte, 15 – 193)

*

Liebhaber sind Genüsse, Freunde Hilfen.

(Schriften, 21 – 99,21)

*

Es ist unmöglich, das Glücksverlangen der Menschen ganz zu töten. (Schriften, 23 – 242,7f.)

*

Groß ist nicht alles, was ein großer Mann tut
Und Galilei aß gern gut.

(Leben des Galilei. 1955/56, 5 – 201,34f.)

Er kennt mehr Genüsse als irgendein Mann, den ich getroffen habe. Er denkt aus Sinnlichkeit. Zu einem alten Wein oder einem neuen Gedanken könnte er nicht nein sagen.

(Leben des Galilei. 1955/56, 5 – 269,36-38)

*

Wäre ich ein Maler! Die sind wie Frauen: Sie können immer. (Journale, 26 – 126,4)

*

Es ist besser mit einem Freund als mit einem Mädchen. (Journale, 26 – 128,39-129,1)

*

Der Dudelsack pfeift, die armen Leute sterben im Zeitungsviertel, die Häuser fallen auf sie, der Morgen graut, sie liegen wie ersäufte Katzen auf dem Asphalt, ich bin ein Schwein und das Schwein geht heim. *Er zieht den Atem ein.* Ich ziehe ein frisches Hemd an, meine Haut habe ich noch, meinen Rock ziehe ich aus, meine Stiefel fette ich ein. *Lacht bösartig.* Das Geschrei ist alles vorbei, morgen früh, aber ich liege im Bett morgen früh und vervielfältige mich, als daß ich aussterbe. *Trommel.* Glotzt nicht so romantisch! (Trommeln in der Nacht, 1 – 228,36-42)

*

In der Kunst genießen die Menschen das Leben.
[...]
Genuß bietet eine Stärkung des Lebenswillens.

(Schriften, 23 – 385,23-35)

*

Ich weiß sehr gut, warum die Damen der Gesellschaft heute Sport treiben: weil ihre Männer in ihrem erotischen Interesse nachgelassen haben. Ohne diesen Damen besonders wohl zu wollen – je mehr sie Sport treiben, desto mehr werden diese Herren nachlassen.

(Schriften, 21 – 224,3-7)

*

Aber, Mädchen, ich empfehle
Etwas Lockung im Gekreisch:
Fleischlich lieb ich mir die Seele
Und beseelt lieb ich das Fleisch.

Keuschheit kann nicht Wollust mindern
Hungrig wär ich gerne satt.
Mag's, wenn Tugend einen Hintern
Und ein Hintern Tugend hat.

(Die Reisen des Glücksgotts, 10 – 931,21-29)

*

Wenn die Kunst des Beischlafs, eine in früheren Zeiten ziemlich allgemeine, da sehr volkstümliche Kunst, in China in der Zeit der großen Erfindungen in einen traurigen Verfall geriet, so trifft daran jedenfalls nicht die Tuis die Schuld. Sie taten, was sie konnten, diesen Verfall aufzuhalten. In einem Zeitraum von nur zehn Jahren erschienen zwei Bücher, welche diesen Gegenstand behandelten.

Der Roman des Lo-reh schilderte unerschrocken, wie eine Gutsbesitzerin sich die langentbehrten Freuden verschaffte, indem sie sich ihrem Förster hingab. Dieser Mensch wird als eine geistig tiefstehende Kreatur geschildert, wenig belesen und mit sehr schlechten Eßsitten behaftet. Das Buch warf die Frage auf, ob man durch völlige Abstinenz von jeder Lektüre sich instand setzen könne, die Weiber zu befriedigen. Der Gelehrte Van-eh-weh ging in seinem berühmten Buch von den 74 Stellungen beim Liebesakt andere Wege. Er beabsichtigte darin, dem kleinen Mann einen Leitfaden für den Beischlaf zu liefern. Durch fleißiges Studium der 74 möglichen Stellungen beim Beischlaf, die das Buch angab, mußte der Unwissende sich seiner Ansicht nach unfehlbar eine große Versiertheit aneignen können. Das Buch stieg von den allereinfachsten, von jedermann leicht ausführbaren Stellungen zu komplizierteren und schwerer memorierbaren auf. Das Buch stand unter dem Motto: Genie ist Fleiß. (Der Tuiroman, 17 – 145,26-146,10)

*

Was immer Aristoteles sagt und die Philosophie überhaupt: Nichts geht über den Tabak. Er ist die Leidenschaft der Großen dieser Welt. Ah, sie wählen ihre Leidenschaften mit Bedacht! Wer heutzutage ohne Tabak lebt, lebt überhaupt nicht. Nicht allein, daß er das Gehirn reinigt und ergötzt. Er verschafft vor allem jene himmlische Ruhe, ohne die ein Mann von Welt kein Mann von Welt sein kann. Nur der Tabak ist es, der die Großen dieser Welt instand setzt, die Leiden zu vergessen, besonders die der anderen.

(Don Juan, 9 – 201,11-20)

*

Und kommt ihr hoch, so kommt
Ihr höchstens auf ein Weib
Das zieht ihr aus, sie euch hinab:
Ihr zahlt den Zeitvertreib.

(Gedichte, 13 – 92,34-37)

*

Das Gebiet der Erotik ist in der bürgerlichen Gesellschaft erschöpft. [. . .] Es ist leider schwierig herauszufinden, ob heutige Zustände nicht auch gestrige waren, da man seinen Vater nicht nach seinem Beischlaf fragen darf. Aber heute ist jedenfalls die Verführungskraft ordinärer Wörter, den Beischlaf und seine Organe betreffend, deutlich konstatierbar.

(Schriften, 24 – 19,5-19)

*

Wir sind gegen parasitäre Lebensfreude, aber für Lebensfreude. Leider haben wir als Lebenskünstler nur den Tiger vorzuweisen. (Schriften, 24 – 414,6-8)

*

Der ausgehungerte Tiger stürzt sich noch auf ein Gänseblümchen. (Schriften, 24 – 391,26f.)

*

Die Schönheit einer Frau, von der geredet wird, macht die Frau zu teuer und zu billig. Wirkliche Schönheit ist etwas, was man nur merkt, wenn man es benützt. (Prosa, 19 – 306,35-37)

6
Kinder

Die Häuser sollen nicht brennen
Bomber sollt man nicht kennen
Die Nacht soll für den Schlaf sein.
Leben soll keine Straf sein.
Die Mütter sollen nicht weinen.
Keiner sollt töten einen.
Alle sollen was bauen
Da kann man allen trauen.
Die Jungen sollen's erreichen.
Die Alten desgleichen.

(Gedichte, 12 – 302)

*

Ich werde ihn Dick nennen [. . .], ich werde ihn in allem belehren, ihm sagen, was ich weiß. Ich weiß viel. Manches, was ich mir noch mühsam geistig erarbeiten mußte, wird er von mir einfach zu hören bekommen, ohne jede Anstrengung. Ich werde ihn an der kleinen Hand nehmen und ihm erzählen, wie man einen Konzern leitet und aus den Leuten etwas herausholt, diesen schuftigen, unzuverlässigen, sich um jede Arbeit drückenden Brüdern. Wenn man dir deinen Brei vom Teller stehlen will, dann schlage zu mit deinem Löffel, werde ich ihm sagen; und zwar so oft, bis er es begreift. Wo du eine Tür einen Spalt offen siehst, da klemme gleich deinen Fuß hinein und dann vorwärts mit Wucht in das Gebäude! Nur nicht verzagt herumstehen und auf gebratene Tauben warten! Ich werde ihm das mit aller Geduld, aber auch mit aller Strenge beibringen. Dein Vater war ein ungelehrter Mann, aber kein Professor der Weltgeschichte konnte ihn lehren, wie man den Jungens das Fell über die Ohren zieht! Du kannst studieren, aber vergiß nie, wer dir das ermöglicht hat. Das Geld für dein Studium hat dein Vater Penny für Penny aus den Taschen zäher Burschen ziehen müssen. Vermehre dieses Kapital! Vermehre dein Wissen, aber vermehre auch die Grundlage. (Dreigroschenroman, 16 – 165,10-30)

*

Du muß es so anfangen, daß sie dich in deinem bequemsten Anzug fotografieren wollen.
Das, was du von Ethik brauchst, ist: daß du so handelst wie derjenige Bursche, der du gern sein möchtest. Du mußt wissen: ich bin jemand, mit dem du allerhand anfangen kannst.
Wichtig ist, was du zum zweiten Mal tust!
Wenn du etwas erreicht hast, was du wolltest, dann hat es nur etwas genützt, wenn du etwas dabei gelernt hast.
Die andern sind nie schuld. Was deine Angelegenheiten betrifft, so sind es Dummköpfe.
Ein erstklassiger Bursche hat genügend Verstand, etwas Gutes zu tun. (Gedichte, 13 – 284f.)

*

Familien, wenn ihnen ein Kind geboren ist
Wünschen es sich intelligent.
Ich, der ich durch Intelligenz
Mein ganzes Leben ruiniert habe
Kann nur hoffen, mein Sohn
Möge sich erweisen als
Unwissend und denkfaul.
Dann wird er ein ruhiges Leben haben
Als Minister im Kabinett.

(Gedichte, 11 – 259f. / 12 – 52)

*

2 + 3 = 5 sagte Steff und 2 + 2 = 4. Wieviel fragte ich, ist 3 + 3? Wart ein bißchen, da muß ich nachdenken, sagt Steff. Ich und mein Vater reden von was anderem, da sagt Steff: Das ist 6. Ich frage: Wie hast du das herausgebracht? Er sagt: Durch das Nachdenken. Ich: Wer hat dir das gesagt, daß man nachdenken muß? Niemand, sagt er, ich hab sagen hören Nachdenken und hab gesehn, daß man den Kopf auf die Schulter legt und still sitzt und das das Nachdenken ist. Ich hab ein komisches Nachdenken, ich rechne da immer ein bißchen. So, sag ich, also ein bißchen Schwindel? Ja, lacht er, ein bißchen schon. Dieses Gescheite, das kommt aus dem Gehirn, das bringt man nur aus dem Gehirn raus. (Journale, 26 – 292,4-15)

*

Eventuell bekommst Du Eis
Heißt, daß man es noch nicht weiß.
Eventuell ist überall
Besser als auf keinen Fall

Mariechen auf der Mauer stund
Sie hatte Angst vor einem Hund.
Der Hund hatte Angst vor der Marie
Weil sie immer so laut schrie.

Pfingsten
Sind die Geschenke am geringsten
Während Geburtstag, Ostern und Weihnachten
Etwas einbrachten.

Steff sitzt lang auf dem Abort
Denn er nimmt ein Buch nach dort.
Ist das Buch dann dick
Kommt er erst am nächsten Tag zurück.

Veilchen stellt ein braves Kind
In ein Glas, wenn es sie find't.
Findet sie jedoch die Kuh
Frißt sie sie und schmatzt dazu.

Zwei Knaben steigen auf eine Leiter.
Der obere war etwas gescheiter.
Der untere war etwas dumm.
Auf einmal fiel die Leiter um.

(Gedichte, 14 – 230-234)

*

Es war einmal ein Adler
Der hatte viele Tadler
Die machten ihn herunter
Und haben ihn verdächtigt

Er könne nicht schwimmen im Teich.
Da versuchte er es sogleich
Und ging natürlich unter.
(Der Tadel war also berechtigt.)

Es war einmal ein Rabe
Ein schlauer alter Knabe
Dem sagte ein Kanari, der
In seinem Käfig sang: schau her
Von Kunst
Hast Du keinen Dunst.
Der Rabe sagte ärgerlich:
Wenn Du nicht singen könntest
Wärst Du so frei wie ich.

(Gedichte, 14 – 243)

*

Der liebe Gott sieht alles.
Man spart für den Fall des Falles.
Die werden nichts, die nichts taugen.
Schmökern ist schlecht für die Augen.
Kohlentragen stärkt die Glieder.
Die schöne Kinderzeit, die kommt nicht wieder.
Man lacht nicht über ein Gebrechen.
Du sollst Erwachsenen nicht widersprechen.
Man greift nicht zuerst in die Schüssel bei Tisch.
Sonntagsspaziergang macht frisch.
Zum Alter ist man ehrerbötig.
Süßigkeiten sind für den Körper nicht nötig.
Kartoffeln sind gesund.
Ein Kind hält den Mund. (Gedichte, 14 – 360)

Wer baute das siebentorige Theben?
In den Büchern stehen die Namen von Königen.
Haben die Könige die Felsbrocken herbeigeschleppt?
Und das mehrmals zerstörte Babylon
Wer baute es so viele Male auf? In welchen Häusern
Des goldstrahlenden Lima wohnten die Bauleute?
Wohin gingen an dem Abend, wo die chinesische Mauer fertig war
Die Maurer? Das große Rom
Ist voll von Triumphbögen. Wer errichtete sie? Über wen
Triumphierten die Cäsaren? Hatte das vielbesungene Byzanz
Nur Paläste für seine Bewohner? Selbst in dem sagenhaften Atlantis
Brüllten in der Nacht, wo das Meer es verschlang
Die Ersaufenden nach ihren Sklaven.

Der junge Alexander eroberte Indien.
Er allein?
Cäsar schlug die Gallier.
Hatte er nicht wenigstens einen Koch bei sich?
Philipp von Spanien weinte, als seine Flotte
Untergegangen war. Weinte sonst niemand?
Friedrich der Zweite siegte im Siebenjährigen Krieg. Wer
Siegte außer ihm?

Jede Seite ein Sieg.
Wer kochte den Siegesschmaus?

Alle zehn Jahre ein großer Mann.
Wer bezahlte die Spesen?

So viele Berichte
So viele Fragen. (Gedichte, 12 – 29)

*

Heute, Ostersonntag früh
Ging ein plötzlicher Schneesturm über die Insel.
Zwischen den grünenden Hecken lag Schnee. Mein junger Sohn
Holte mich zu einem Aprikosenbäumchen an der Hausmauer
Von einem Werk weg, in dem ich auf diejenigen mit dem Finger deutete
Die einen Krieg vorbereiteten, der
Den Kontinent, diese Insel, mein Volk, meine Familie und mich
Vertilgen muß. Schweigend
Legten wir einen Sack
Über den frierenden Baum.

(Gedichte, 12 – 95)

*

Ihr Kinder – daß sie euch mit Krieg verschonen
Müßt ihr um Einsicht eure Eltern bitten.
Sagt laut, ihr wollt nicht in Ruinen wohnen
Und nicht das leiden – was sie selber litten:
Ihr Kinder – daß sie euch mit Krieg verschonen!

(Gedichte, 15 – 206,12-16)

*

Statt im Gehölz zu spielen mit Gleichaltrigen
Sitzt mein junger Sohn über die Bücher gebückt
Und am liebsten liest er
Über die Betrügereien der Geldleute
Und die Schlächtereien der Generäle.
Wenn er das Wort liest, daß unsere Gesetze
Es den Armen und den Reichen verbieten, unter den Brücken zu schlafen
Höre ich sein glückliches Lachen.
Wenn er entdeckt, daß der Schreiber eines Buches bestochen ist
Leuchtet seine junge Stirn. Ich billige das
Aber ich wollte doch, ich könnte ihm
Eine Jugendzeit bieten, in der er
Ins Gehölz spielen ginge mit Gleichaltrigen.

(Gedichte, 14 – 462)

*

Meine kleine Tochter
Kommt abends schimpfend nach Hause, mit ihr
Will kein Kind spielen. Sie ist Deutsche und entstammt
Einem Räubervolk!

Wenn ich ein lautes Wort wechsle in der Elektrischen
Werde ich zur Ruhe verwiesen. Man liebt hier nicht
Laute Worte von einem
Der aus einem Räubervolk stammt.

Wenn ich meine kleine Tochter erinnere
Daß die Deutschen ein Räubervolk sind

Freut sie sich mit mir, daß sie nicht geliebt werden
Und wir lachen zusammen. (Gedichte, 15 – 11)

*

Mit Kindern kann man, auch wenn sie so erstklassig wie meine Tochter sind, mit Ausnahme von Fotografieren wenig anfangen. Sie sind zu weise und zu defektlos, um interessant zu sein. Dem Normalen, An-sich-Befriedigenden gegenüber aber versagt die Beobachtung. Übrigens hat sie die Unermüdlichkeit und den abnormen Konsum von ihrem Vater geerbt. Sie hat Augen, die sie zu einer großen Tragödin machen müssen, wenn sie nicht einfach nur die Merkmale des Unglücks sein werden.

(Journale, 26 – 285,33-40)

7
Vertrieben – Leben im Exil

Immer fand ich den Namen falsch, den man uns gab:
Emigranten
Das heißt doch Auswandrer. Aber wir
Wanderten doch nicht aus, nach freiem Entschluß
Wählend ein anderes Land. (Gedichte, 12 – 81)

*

Wo ich hinkomme, bin ich so gebrandmarkt
Vor allen Besitzenden, aber die Besitzlosen
Lesen den Steckbrief und
Gewähren mir Unterschlupf. Dich, höre ich da
Haben sie verjagt mit
Gutem Grund. (Gedichte, 12 – 84f.)

*

Geflüchtet unter das dänische Strohdach, Freunde
Verfolg ich euren Kampf. Hier schick ich euch
Wie hin und wieder schon, ein paar Worte,
aufgescheucht
Durch blutige Gesichte über Sund und Laubwerk.
Verwendet, was euch erreicht davon, mit Vorsicht!
Vergilbte Bücher, brüchige Berichte
Sind meine Unterlage. Sehen wir uns wieder
Will ich gern wieder in die Lehre gehn.
(Gedichte, 12 – 7)

*

Der Paß ist der edelste Teil von einem Menschen. Er kommt auch nicht auf so einfache Weise zustande wie ein Mensch. [...] Dafür wird er auch anerkannt, wenn er gut ist, während ein Mensch noch so gut sein kann und doch nicht anerkannt wird.

(Flüchtlingsgespräche, 18 – 197,22-27)

*

Im Exil schreibt man in besonderer Weise. Man ruft sozusagen in den Wind. Aber man ruft doch in eine bestimmte Richtung. Zu niemandem gehörend, spricht man noch nicht zu allen. Von denen, die nicht herhören, spricht man zu ganz bestimmten. Und im Grunde, uneingestanden, spricht man weiter zu denen zu Hause, die gar nicht mehr hören können. Das Handwerk des Exilierten ist das Hoffen.

(Schriften, 24 – 271,28-34)

*

Fischreiche Wässer! Schönbaumige Wälder!
Birken- und Beerenduft!
Vieltoniger Wind, durchschaukelnd eine Luft
So mild, als stünden jene eisernen Milchbehälter
Die dort vom weißen Gute rollen, offen!
Geruch und Ton und Bild und Sinn verschwimmt.
Der Flüchtling sitzt im Erlengrund und nimmt
Sein schwieriges Handwerk wieder auf: das Hoffen!

(Gedichte, 12 – 110)

*

Wirklich, ich lebe in finsteren Zeiten!
Das arglose Wort ist töricht. Eine glatte Stirn
Deutet auf Unempfindlichkeit hin. Der Lachende

Hat die furchtbare Nachricht
Nur noch nicht empfangen.

Was sind das für Zeiten, wo
Ein Gespräch über Bäume fast ein Verbrechen ist
Weil es ein Schweigen über so viele Untaten
einschließt!
Der dort ruhig über die Straße geht
Ist wohl nicht mehr erreichbar für seine Freunde
Die in Not sind? (Gedichte, 12 – 85)

*

Ich bin der Glücksgott, sammelnd um mich Ketzer
Auf Glück bedacht in diesem Jammertal
Bin Agitator, Schmutzaufwirbler, Hetzer
Und hiermit – macht die Tür zu – illegal.

(Gedichte, 15 – 56)

*

Mit jedem Siegesrapport Hitlers verliere ich an Bedeutung als Schriftsteller. Selbst der Buchhändler und Kritiker Olsoni in Helsingfors findet nicht die Zeit, mein Stück zu lesen. Und es gibt immer weniger Besucher. (Dabei finden sie hier weder Verzweifelte noch Optimisten!) (Journale, 26 – 475,23-27)

*

Ein fremder Reisender, aus dem Dritten Reich
zurückgekehrt
Und befragt, wer dort in Wahrheit herrsche,
antwortete:
Die Furcht. (Gedichte, 12 – 68)

*

Meine beiden Produktionsmittel, die Zigarren und die (englischen) Kriminalromane, gehen aus und müssen rationiert werden. (Journale, 26 – 480,30-32)

*

Amerika ist schön. Südsee ist schön. Wie schön muß erst eine erstklassig amerikanisierte Südsee sein!

(Revue, 10 – 385,16f.)

*

Ich will heute beginnen, einiges über meine Studien in amerikanischer Umgangssprache zu Papier zu bringen, da das Wetter ununterbrochen heiter ist, so daß ein Blick aus dem Fenster genügt, einen in unübersehbare Zustände tiefer Niedergeschlagenheit zu stürzen.

Ich muß gleich sagen: Ich habe nicht die geringste Hoffnung, die amerikanische Umgangssprache je zu erlernen. Es fehlt mir gewiß nicht die Neigung und schon gar nicht der äußere Antrieb. Es ist etwas anderes, das mir fehlt. Ich versuche schon seit einiger Zeit, mich in der Landessprache auszudrücken. Dabei habe ich festgestellt, daß ich bei Diskussionen nicht das sage, was ich sagen will, sondern das, was ich sagen kann. Und das sind, wie man sich denken kann, sehr verschiedene Dinge. Man könnte vermuten, dieser verwirrende Zustand sei ein vorübergehender, etwas mehr Studium könne Erleichterung schaffen. Das ist leider nicht zu erhoffen.

(Schriften, 23 – 44,20-35)

*

18.2.41
Die norwegischen Zeitungen bringen Kochrezepte neuer Art: wie man Krähen und Möwen zubereitet. Und die Gottesdienste werden von Polizisten überwacht. (Journale, 26 – 464,36-39)

*

21.4.42
Ich hatte »Readers Digest« (Auflage etwa 3½ Millionen) zu ihrer Serie »Mein unvergeßlichster Charakter« etwas über Hitler eingeschickt. Es kam prompt zurück. Feuchtwanger berichtet, daß auch Thomas Mann und der hier sehr erfolgreiche Werfel ihre Beiträge zurückhielten. Das Magazin setzt ein halbes Dutzend Experten an die Einsendungen. Einer prüft nur, ob das Ding auch braun ist, ein zweiter, ob es auch stinkt, ein dritter, ob es auch nicht feste Brocken enthält usw. So streng wird es geprüft, ob es auch Scheiße ist, bevor es genommen wird.

(Journale, 27 – 85,6-14)

*

12.7.42
Eine gewisse Rolle spielen die sogenannten Gallup poll tests. Nach einem genauen System der Zusammenstellung von Repräsentanten der verschiedenen Schichten werden die Meinungen der Bevölkerung eingeholt (über politische Grundprobleme, jedoch auch über Besetzung von Filmen nach bekannten Romanen). Das gilt als demokratische Institution. Es ist in Wirklichkeit ein Test auf die Wirkung von Reklame und Propaganda.

Zu einem Verdurstenden in der Wüste tritt ein Mann mit einem Glas Wasser: Welche Sorte von Getränk bevorzugst Du? (Journale, 27 – 114,9-17)

*

Man muß den Begriff *to sell* kennen, wenn man vom Verkauf spricht. Man »verkauft« jemandem zum Beispiel einen Witz, dabei kommt Geld noch nicht herein, verkauft ist der Witz, wenn er belacht ist.

(Journale, 27 – 39,15-18)

*

Jeden Morgen, mein Brot zu verdienen
Fahre ich auf den Markt, wo Lügen gekauft werden.
Hoffnungsvoll
Reihe ich mich ein unter die Verkäufer.

(Gedichte, 12 – 116)

*

5.9.44
Plan für Tag: Aufstehen sieben Uhr. Zeitung, Radio. Kaffee kochen, in der kleinen Kupferkanne. Vormittags Arbeit. Leichter Lunch um zwölf. Ruhe mit Kriminalroman. Nachmittags Arbeit oder Besuche machen. Abendessen sieben Uhr. Danach Gäste. Nacht halbe Seite Shakespeare oder Waleys Sammlung chinesischer Gedichte. Radio. Kriminalroman.

(Journale, 27 – 203,5-10)

*

8.5.45
Nazideutschland kapituliert bedingungslos. Früh sechs Uhr im Radio hält der Präsident eine Ansprache. Zuhörend betrachte ich den blühenden kalifornischen Garten. (Journale, 27 – 224,36-39)

Und als dann kam der Monat Mai
War ein tausendjähriges Reich vorbei.

(Journale, 27 – 225,17f.)

*

BRECHT Sind Sie oder waren Sie jemals Mitglied einer Kommunistischen Partei?

BRECHT Ich war und bin kein Mitglied irgendeiner Kommunistischen Partei.

VORSITZENDER Ihre Antwort ist also, daß Sie niemals Mitglied der Kommunistischen Partei gewesen sind?

BRECHT Ganz recht.

STRIPLING Sie waren nicht Mitglied der Kommunistischen Partei in Deutschland?

BRECHT Nein.

STRIPLING Mr. Brecht, stimmt es, daß Sie eine Anzahl sehr revolutionärer Gedichte, Stücke und anderer Schriften verfaßt haben?

BRECHT Ich habe im Kampf gegen Hitler eine Anzahl Gedichte und Lieder und Stücke geschrieben, und sie können aus diesem Grund selbstverständlich als revolutionär betrachtet werden, weil ich selbstverständlich für den Sturz dieser Regierung war.

(Brecht vor dem Kongreßausschuß für unamerikanische Betätigung in Washington, 1947. Aus dem Verhörprotokoll)

*

Von dem Anblick der Ruinenstädte erwarte ich keinen übermäßigen Schock. Von dem Anblick der Ruinenmenschen habe ich ihn schon bekommen.

(Schriften, 23 – 99,30-33)

12.4.48
Das erste europäische Frühjahr seit acht Jahren. Die Farben der Pflanzenwelt, so viel frischer und so viel weniger krud als die der kalifornischen. Die Planung ist nicht durchmathematisiert wie die der Ziergärten oder Plantagen Kaliforniens. Und die Villen bedeuten zumindest ältere Sünden. (Journale, 27 – 266,25-30)

*

Die 15 Jahre des Exils über verspürte ich keinerlei Bedauern, nicht mehr in meiner Heimatstadt oder in Berlin sein zu können. Orte von Kindheitserinnerungen, Höfe, in denen die Knaben Hütten aus Laub bauten, die Zementschrägung an einem Flußwehr, gut für Sonnenbäder, in den Händen der Nazis waren aus ihnen für mich Lokalitäten geworden, die man in Zeitungen schmierig abgebildet sieht, weil dort Verbrechen begangen wurden. (Schriften, 23 – 99,38-100,6)

*

12.6.48
Die Fülle der wildwachsenden Blumen auf dem alten zivilisierten Kontinent erstaunt mich.

(Journale, 27 – 271,35-37)

*

18.12.48
Ich pflege um 5 Uhr 30 aufzustehen. Dann mache ich mir Kaffee oder Tee auf dem Hartspirituskocher, lese etwas Lukács oder Goethe (den »Sammler«). Wenn ich aufstehe, sehe ich einen großen Druck des Breughelschen Bauerntanzes an der Wand. Gehe etwas herum auf dem roten Teppich und setze mich an die

Tische zur Arbeit. Erst gegen acht wird es hell draußen, die Ruinen tauchen auf (die SS hat einen Tag nach Hitlers Tod im Bunker das Adlonhotel noch in Brand gesteckt, nur ein Flügel im Hof ist renoviert).

(Journale, 27 – 292,6-15)

*

20.2.49
Habe wieder die Gewohnheit angenommen, mich am Morgen aus dem Fenster zu beugen; die Luft hier ist so kräftig. Und eine andere Gewohnheit habe ich beinahe abgelegt: Kriminalromane zu lesen vor dem Einschlafen. In der ganzen Zeit habe ich, glaube ich, kaum zwei oder drei beendet.

(Journale, 27 – 300,30-35)

*

Pfingstmontag [1949]
Kinderstimmen, Radiomusik, Blätterrauschen, Trambahnfahren, Vogelgezwitscher.
Von Stockholm sind die Kisten angelangt, wenige von den Möbeln, die meisten der Bücher. Von Moskau die Manuskripte, die Grete hinterließ. Die Koffer aus der Schweiz sind noch unterwegs.

(Journale, 27 – 303,14-20)

*

7.7.54
Das Land ist immer noch unheimlich. Neulich, als ich mit jungen Leuten aus der Dramaturgie nach Buckow fuhr, saß ich abends im Pavillon, während sie in ihren Zimmern arbeiteten oder sich unterhielten. Vor zehn Jahren, fiel mir plötzlich ein, hätten alle

drei, was immer sie von mir gelesen hätten, mich, wäre ich unter sie gefallen, schnurstracks der Gestapo übergeben ... (Journale, 27 – 350,12-19)

*

Ich weiß natürlich: einzig durch Glück
Habe ich so viele Freunde überlebt. Aber heute nacht
im Traum
Hörte ich diese Freunde von mir sagen: »Die
Stärkeren überleben
Und ich haßte mich. (Gedichte, 12 – 125)

*

Da war eine Zeit
Da war alles hier anders.
Die Metzgerfrau weiß es.
Der Postbote hat einen zu aufrechten Gang.
Und was war der Elektriker?

(Gedichte, 12 – 314)

8
Menschliche Verhältnisse

Ich glaube von jedem Menschen das Schlechteste, selbst von mir – und ich habe mich noch selten getäuscht. (Journale, 26 – 296,8f.)

*

Ganz unbeurteilbar
Ist der Mensch dem Menschen.

(Fatzer, 10 – 438,5f.)

*

Ich sitze am Straßenhang.
Der Fahrer wechselt das Rad.
Ich bin nicht gern, wo ich herkomme.
Ich bin nicht gern, wo ich hinfahre.
Warum sehe ich den Radwechsel mit Ungeduld?

(Gedichte, 12 – 310)

*

Wir wollen den Verlauf seiner Angelegenheiten sein *Schicksal* nennen. (Der Messingkauf, 22 – 821,12f.)

*

Das Schicksal des Menschen ist der Mensch.

(Buch der Wendungen, 18 – 71,8 / Gedichte, 12 – 326)

*

Leben heißt für den Menschen, die Prozesse organisieren, denen er unterworfen ist.

(Journale, 26 – 296,4f.)

*

Ihr müßt wissen, mich verzehrt eine unersättliche Neugierde, die Menschen angehend; ich kann nicht genug von ihnen sehen und hören. Wie sie miteinander verkehren, Feindschaften und Freundschaften eingehen, Zwiebeln verkaufen, Feldzüge planen, Ehen schließen, wollene Anzüge machen, falsches Geld in Umlauf bringen, Kartoffeln ziehen, die Gestirne beobachten, wie sie einander betrügen, bevorzugen, belehren, ausquetschen, einschätzen, verstümmeln, unterstützen, wie sie Versammlungen abhalten, Vereine gründen, intrigieren. Ich will immer wissen, wie ihre Unternehmungen zustande kommen und ausgehen, und ich bin darauf aus, einige Gesetzlichkeiten darin zu erkennen, die mich instand setzen könnten, Voraussagen zu machen. Denn ich frage mich, wie ich selber mich benehmen soll, damit ich durchkomme und möglichst glücklich bin, und dies hängt natürlich auch davon ab, wie die andern sich benehmen, so daß ich auch daran sehr interessiert bin, besonders für die Möglichkeiten, sie zu beeinflussen. (Der Messingkauf, 22 – 780,26-33)

*

Ich habe lange die Wahrheit gesucht über das Leben
der Menschen untereinander
Dieses Leben ist sehr verwickelt und schwer
verständlich
Ich habe hart gearbeitet, um es zu verstehen, und
dann
Habe ich die Wahrheit gesagt, so wie ich sie gefunden
hatte.

Kurze Zeit darauf kamen Leute her in großen
Massen mit geschenkten Pistolen
Und schossen blind um sich auf alle, die keinen Hut
aufhatten aus Armut
Und alle, die die Wahrheit gesagt hatten über sie und
ihre Geldgeber
Trieben sie aus dem Land im vierzehnten Jahre der
halben Republik.

(Gedichte, 14 – 192)

*

Die Handlungsweise der Menschen unserer Zeit, die, wenn auch unvollständig, in manchem Zeitungsbericht zum Ausdruck kommt, ist durch alte (oft der Literatur entlehnte) Motive nicht mehr erklärbar. Die Polizeiberichte häufen sich, wo das »Motiv« des Täters fehlt. So dürfen Sie nicht erstaunt sein, wenn in den neueren Dramen gewisse Menschentypen in gewissen Situationen anders handeln, als Sie erwartet haben, und auch nicht, wenn Ihre Mutmaßungen über die Motive einer bestimmten Handlungsweise sich als falsch erweisen. In dieser Welt und in dieser Dramatik findet sich der Philosoph besser zurecht als der Psychologe. (Schriften, 24 – 27,25-35)

*

Tritt uns das Schicksal zwei Tage nicht
So hat es
Sich seinen Fuß verstaucht.

(Fatzer, 10 – 438,35-37)

*

Und weil der Mensch ein Mensch ist
Drum will er was zum Essen, bitte sehr!
Es macht ihn ein Geschwätz nicht satt
Das schafft kein Essen her.

(Gedichte, 12 – 26)

*

Nach einer mittelalterlichen Legende verkauften sechs italienische Jungfrauen, um ins Gelobte Land zu kommen, ihren Leib an die Schiffsbesatzung. Keine erreichte Palästina. (Gedichte, 13 – 332)

*

Die Suche nach den Gründen für alles Geschehene macht die Geschichtsschreiber zu Fatalisten.

(Journale, 26 – 312,9f.)

*

Die Herrschaft ergreift das Volk nur im äußersten Notfall. Es hängt damit zusammen, daß der Mensch überhaupt nur im äußersten Notfall denkt. Nur mit dem Wasser am Hals. Die Leute fürchten das Chaos.

(Flüchtlingsgespräche, 18 – 281,26-29)

*

Inmitten der schnell wachsenden Finsternis über einer fiebernden Welt, umgeben von blutigen Taten und nicht weniger blutigen Gedanken, der zunehmenden Barbarei, die unhemmbar in den vielleicht größten und furchtbarsten Krieg aller Zeiten zu führen scheint, ist es schwer, eine Haltung einzunehmen, die sich für Leute an der Schwelle einer neuen und glücklichen Zeit schicken mag. Deutet nicht alles darauf hin, daß es Nacht wird und nichts, daß eine neue Zeit beginnt? [. . .] Die Bilder vom Morgen und von der Nacht sind irreführend. Die glücklichen Zeiten kommen nicht, wie der Morgen nach durchschlafener Nacht kommt. (Schriften, 24 – 236,36-237,20)

*

Der Fortschritt war gewaltig. Das Elend schritt fort und der Reichtum schritt fort. Der Luxus wurde größer, ebenso die Entbehrung. Die Bildung verbreitete sich und die Verkommenheit nahm zu. Die Zivilisation breitete sich aus mit dem Imperium wie eine Seuche sich ausbreitet. Mehr und mehr Völker kamen miteinander ins Gespräch und sie sprachen über die Unterdrückung.

(Die Geschäfte des Herrn Julius Caesar, 17 – 388,19-25)

*

Was an dir Berg war
Haben sie geschleift
Und dein Tal
Schüttete man zu
Über dich führt
Ein bequemer Weg

(Gedichte, 14 – 200)

*

Den Haien entrann ich
Die Tiger erlegte ich
Aufgefressen wurde ich
Von den Wanzen.

(Gedichte, 15 – 178)

*

Wir Deutschen sind im Ertragen von Langeweile ungemein stark und äußerst abgehärtet gegen Humorlosigkeit. (Schriften, 21 – 184,3f.)

*

Wir Deutschen haben eine sehr gute Anlage zur Unzufriedenheit. (Schriften, 21 – 262,3f.)

*

Wir Deutschen bilden uns auf unsern Ernst viel ein, wir haben die Auffassung, daß das Gegenteil von Ernst Leichtfertigkeit ist und daß Leichtfertigkeit verdammt werden muß. [. . .] Wir setzen voraus, daß die Dinge allemal zu Sorgen Anlaß geben, daß unsere Auffassung von ihnen richtig ist, und wir hoffen, man nimmt uns ernster, wenn wir selbst ernst sind.

(Schriften, 21 – 53,27-36)

*

Bei uns Deutschen ist solch ein Abgrund zwischen dem Lebendigen, Realistischen und dem Eleganten!

(Journale, 27 – 210,11-13)

*

Beim preußischen Militär bestand die Verordnung, daß zwischen dem Unrecht, das ein Mann erlitten zu haben glaubte, und seiner Beschwerde eine Nacht liegen müsse.
Bei standrechtlichen Erschießungen wurde eines der Gewehre mit einer Platzpatrone geladen, so daß keiner der an der Erschießung beteiligten Soldaten wußte, ob er geschossen habe oder nicht.

(Schriften, 21 – 370,10-16)

*

Einen Mann, der in der Welt herumgekommen ist, habe ich kürzlich sagen hören, die Deutschen zeichneten sich (unter anderem) dadurch vor allen Völkern aus, daß sie zu jeder Tages- und Nachtzeit lieben könnten. (Schriften, 21 – 222,16-20)

*

Ich gehöre nicht zu den nützlichen Gliedern der menschlichen Gesellschaft, die sich strecken, wenn sie an Anerkennung denken, und Wollust haben, wenn sie Reibung verursachen. Aber Verstand haben sie gar keinen. Sie wollen nur hinein in die menschliche Gesellschaft. Man soll sie abschneiden.

(Journale, 26 – 114,4-8)

*

Nun ist es eine alte Weisheit, daß man, wenn sich eine Freundschaft abkühlt, rechtzeitig losschlagen muß, damit man der erste ist. Man soll im Kampf nie starr daran festhalten, wer der Verbündete und wer der Gegner ist. Das ist verhängnisvoll, wie jede vorgefaßte Meinung. (Dreigroschenroman, 16 – 232,24-28)

*

Matti, bist du mein Freund? – Nein. – Ich dank dir. Ich wußt es.

(Herr Puntila und sein Knecht Matti, 6 – 228,38-229,2)

*

Die Klassiker lebten in finstersten und blutigsten Zeiten. Sie waren die heitersten und zuversichtlichsten Menschen. (Buch der Wendungen, 18 – 110,29f.)

*

In den finsteren Zeiten
Wird da auch gesungen werden?
Da wird auch gesungen werden.
Von den finsteren Zeiten.

(Gedichte, 12 – 16)

*

Ich bin als Sohn von Bauern in der Campagna aufgewachsen. Es sind einfache Leute. Sie wissen alles über den Ölbaum, aber sonst recht wenig. Die Phasen der Venus beobachtend, kann ich nun meine Eltern vor mir sehen, wie sie mit meiner Schwester am Herd sitzen und ihre Käsespeise essen. Ich sehe die Balken über ihnen, die der Rauch von Jahrhunderten geschwärzt hat, und ich sehe genau ihre alten abgearbeiteten Hände und den kleinen Löffel darin. Es geht ihnen nicht gut, aber selbst in ihrem Unglück liegt eine gewisse Ordnung verborgen. Da sind diese verschiedenen Kreisläufe, von dem des Bodenaufwischens über den der Jahreszeiten im Ölfeld zu dem der Steuerzahlung. Es ist regelmäßig, was auf sie herabstößt an Unfällen. Der Rücken meines Vaters wird zusammengedrückt nicht auf einmal, sondern mit jedem Frühjahr im Ölfeld mehr, so wie auch die Geburten, die meine Mutter immer geschlechtsloser gemacht haben, in ganz bestimmten Abständen erfolgten. Sie schöpfen die Kraft, ihre Körbe schweißtriefend den steinigen Pfad hinaufzuschleppen, Kinder zu gebären, ja, zu essen, aus dem Gefühl der Stetigkeit und Notwendigkeit, das der Anblick des Bodens, der jedes Jahr von neuem grünenden Bäume, der kleinen Kirche und das Anhören der sonntäglichen Bibeltexte ihnen verleihen können. Es ist ihnen versichert worden, daß das Auge der Gottheit auf ihnen liegt, forschend, ja beinahe angstvoll; daß das ganze Welttheater um sie aufgebaut ist, damit sie, die Agierenden, in ihren großen oder kleinen Rollen sich bewähren können. Was würden meine Leute sagen, wenn sie von mir erführen, daß sie sich auf einem kleinen Steinklumpen befinden, der sich unaufhörlich drehend im leeren Raum um ein anderes Gestirn bewegt, einer unter sehr vielen, ein ziemlich unbedeutender! Wozu ist jetzt noch solche Geduld, solches Einverständnis in ihr Elend nötig oder gut? Wozu ist die Heilige Schrift noch gut, die alles erklärt und als notwendig begründet hat, den Schweiß, die Geduld, den Hunger, die Unterwerfung, und die jetzt voll von Irrtümern befunden wird? Nein, ich sehe ihre Blicke scheu werden, ich sehe sie die Löffel auf die Herdplatte senken, ich sehe, wie sie sich verraten und betrogen fühlen. Es liegt also kein Auge auf uns, sagen sie. Wir müssen nach uns selber sehen, ungelehrt, alt und verbraucht, wie wir sind? Niemand hat uns eine Rolle zugedacht außer dieser irdischen, jämmerlichen auf einem winzigen Gestirn, das ganz unselbständig ist, um das sich nichts dreht? Kein Sinn liegt in unserm Elend, Hunger ist eben Nichtgegessenhaben, keine Kraftprobe; Anstrengung ist eben Sichbücken und Schleppen, kein Verdienst. Verstehen Sie da, daß ich aus dem Dekret der Heiligen Kongregation ein edles mütterliches Mitleid, eine große Seelengüte herauslese. (Leben des Galilei. 1955/56, 5 – 243,28-244,35)

In Kausala hat eine was gehabt mit einem Bauerssohn, wo sie Magd war. Ein Kind ist gekommen, aber vor dem Gerichtshof in Helsingfors hat er alles abgeschworen, daß er keine Alimente zu zahlen brauchte. Ihre Mutter hat einen Advokaten genommen, der hat seine Briefe vom Militär dem Gericht auf den Tisch gelegt. Die Briefe waren so, daß alles klar war und er seine fünf Jahr für Meineid hätt bekommen müssen. Aber wie der Richter den ersten Brief verlesen hat, ganz langsam hat er's gemacht, ist sie vor ihn hingetreten und hat sie zurückverlangt, so daß sie keine Alimente gekriegt hat. Das Wasser ist ihr, heißt's, aus den Augen gelaufen wie ein Fluß, wie sie mit den Briefen aus dem Landgericht gekommen ist, und die Mutter war fuchtig und er hat gelacht. Das ist die Liebe.

(Herr Puntila und sein Knecht Matti, 6 – 340,12-25)

*

König Christian der Siebente heiratete eine Haushälterin. Wenn er mit ihr in die Provinz reiste, benahm sich selbst der niedrige Adel ablehnend zu ihr. Sie hatte deshalb ein schweres Leben. Beinahe das schlimmste aber war für sie, daß Christian sich beim Essen und auch sonst wie ein Bauer benahm.

(Mesalliance, 19 – 343,31-35)

*

Mary Anne Walkley, zwanzigjährig, beschäftigt in einer Hofputzmanufaktur, beteiligte sich an der Herstellung der Prachtkleider adeliger Damen für den Huldigungsball bei der frisch eingeführten Kronprinzessin. Es war die Höhe der Saison. 26½ Stunden arbeitete sie ohne Unterlaß, zusammen mit 60 anderen Mädchen, je dreißig in einem Zimmer, das kaum ein Drittel der üblichen Kubikzoll Luft gewährte, während sie Nachts zwei und zwei ein Bett teilten in einem der Sticklöcher, in die der Schlafraum durch Bretterwände abgepfercht war. Cherry, Portwein, ein wenig Kaffee frischten ihre versagende Arbeitskraft auf, die sie so uneigennützig, gegen allergeringsten Lohn in den Dienst der Königin stellte; sie erkrankte am Freitag, nähte weiter und starb am Sonntag. (Dreigroschenroman, 16 – 332,35-333,8)

*

Im Schlamm lag eine Schildkröte. Da gab es einen Krieg zwischen einer Kiefer und einem Dornstrauch, als sie dreihundert Jahre alt war. Da sprach der Dornstrauch: Soll ich fliehen, Schildkröte? Die Schildkröte sagte: Nein, bleib da. Krieche um die Kiefer herum und bleib da. Da kroch der Dornstrauch um die Kiefer herum und die Kiefer erstickte und ging ein. Zweihundert Jahre gingen herum, da fragte der Dornstrauch: Soll ich die Kiefer umwerfen, gute Schildkröte? Meine Wurzeln stoßen an die ihren. Die Schildkröte sagte: Nein, laß sie da. Da kam der Wind in einer Nacht und der Dornstrauch hielt sich an der Kiefer und darum ging er nicht ein. Nach hundert Jahren aber sagte der Dornstrauch: Soll ich meine Wurzeln am Bach weiterschicken, große weise Schildkröte? Da kroch die Schildkröte, die 600 Jahre alt war, an den Bach, um nachzuschauen und dem Dornstrauch zu helfen und ihn nicht zu enttäuschen, und da fiel sie in den Bach und ersoff.

(David, 10 – 139,38-140,15)

*

Ein Mann wird aus dem Krankenhaus entlassen – ihm fällt, gerade als er aus dem Portal tritt, wieder ein Ziegel auf den Kopf. Man nimmt ihn wieder auf, ungern. Wird abermals entlassen, abermals fällt ihm ein Ziegel auf den Kopf, man nimmt ihn auf und beschimpft ihn: Sehen Sie sich doch vor! Wieder wird er entlassen, wieder fällt ihm ein Ziegel auf den Kopf, er sagt gleich: Jetzt bin ich wohl dran schuld? Natürlich sind Sie dran schuld. Man nimmt ihn nicht mehr auf.

(Der Brotladen, 10 – 592,1-8)

*

Mit den Weltverbesserern kann man mich jagen. Ich erinnere mich noch, wie eines Tages ein Riesengeschrei in den Zeitungen erhoben wurde, die Slums seien keine menschenwürdigen Behausungen, sie seien unhygienisch. Man riß dann ein ganzes Viertel nieder und schaffte die Bewohner in hübsche, solide und hygienische Häuser drüben in Stokton-on-Tyne. Sie führten genaue Statistiken, fünf Jahre später verglichen sie ihre Tabellen und stellten fest, daß die Sterblichkeit in den Slums 2% betrug, aber in den neuen Häusern betrug sie 2,6%. Sie waren sehr erstaunt. Nun, die neuen Wohnungen kosteten einfach in der Woche 4-8 Schillinge mehr und das mußten sich die Bewohner vom Munde absparen. Daran hatten unsere Weltverbesserer und Menschheitsbeglükker nicht gedacht! (Dreigroschenroman, 16 – 309,38-310,11)

*

Der Philosoph Ko, der einige Wochen lang mit einem Paß, gefälschten, der ihn als Beamten auswies, Minister in einer kleinen Provinz war, erließ an seine Beamten Vorschriften, durch die eine Ablehnung von Bittschriften oder eine Verurteilung unvergleichlich mehr Arbeit verursachte als eine Bewilligung oder Freisprechung. Die Wohlfahrt der Provinz hob sich in diesen wenigen Wochen. (Der Tuiroman, 17 – 41,25-31)

*

Man merkts, hier ist zu lang kein Krieg gewesen. Wo soll da Moral herkommen, frag ich? Frieden, das ist nur Schlamperei, erst der Krieg schafft Ordnung. Die Menschheit schießt ins Kraut im Frieden. Mit Mensch und Vieh wird herumgesaut, als wärs gar nix. Jeder frißt, was er will, einen Ranken Käs aufs Weißbrot und dann noch eine Scheibe Speck auf den Käs. Wie viele junge Leut und gute Gäul diese Stadt da vorn hat, weiß kein Mensch, es ist niemals gezählt worden. Ich bin in Gegenden gekommen, wo kein Krieg war vielleicht siebzig Jahr, da hatten die Leut überhaupt noch keine Namen, die kannten sich selber nicht. Nur wo Krieg ist, gibts ordentliche Listen und Registraturen, kommt das Schuhzeug in Ballen und das Korn in Säck, wird Mensch und Vieh sauber gezählt und weggebracht, weil man eben weiß: Ohne Ordnung kein Krieg!

(Mutter Courage und ihre Kinder, 6 – 9,23-37)

Das Kriegshandwerk, das den gebildeten, phantasievollen Menschen über sich selbst hinaushebt und ihn zu den edelsten Taten anfeuert, weckt im ungebildeten, verrohten Menschen die niedersten Triebe. Ihn lockt der Gewinn. Der Gewinn in jeder Form. Die reine Mordlust treibt ihn zum Mord. Für ihn gibt es nicht den offenen, alle Kräfte weckenden Wettbewerb, den Zug nach oben, den nimmer ruhenden Ehrgeiz, aus sich das Beste zu machen, der unsere gebildeten Schichten auszeichnet.

(Dreigroschenroman, 16 – 313,13-21)

*

In der Not wird man listig. (Schriften, 23 – 412,4f.)

*

Wichtig ist die nie erlahmende Arbeitswilligkeit der Courage. Sie wird kaum je gesehen, ohne daß sie arbeitet. Diese Tüchtigkeit ist es, welche die Erfolglosigkeit der Courage erschütternd macht.

(Schriften, 25 – 198,18-21)

*

»Ich bin mir wohl bewußt, was es heißt, seine Leute auf die Straße zu setzen. Besonders furchtbar sind die moralischen Folgen dieser Erscheinung. Der typische Arbeitslose verliert für gewöhnlich nur zu bald jeden sittlichen Halt. Er ist höchst selten fähig, gegen die zermürbenden Einflüsse des Hungers und der Kälte seine sittlichen Grundsätze durchzuhalten. Sein Selbstbewußtsein bricht zusammen. Er erkennt, daß er zur Last fällt. In dieser Verfassung wird er nur zu leicht das Opfer verantwortungsloser Hetzer, die ihn zum Feind der Ordnung machen wollen. Alles dies weiß ich, aber was soll ich tun?«

(Dreigroschenroman, 16 – 294,26-35)

*

Die meisten Beziehungen leiden darunter und gehen oftmals dadurch in die Brüche, daß der zwischen den betreffenden Menschen bestehende Vertrag nicht eingehalten wird. Sobald zwei Menschen zueinander in Beziehung treten, tritt auch, in den allermeisten Fällen stillschweigend, ihr Vertrag in Kraft. Dieser Vertrag regelt die Form der Beziehung. [. . .] Man darf einen Vertrag aber nicht überspannen und nicht unterspannen. Das Überspannen geschieht in verschiedener Form von beiden Seiten, bei Mann und Frau muß die Frau meistens draufzahlen. Das Unterspannen richtet sich vor allem gegen die Frau und äußert sich meistens in Gleichgültigkeit oder unzureichender Beschäftigung. Zum Einhalten von Verträgen gehört Takt. (Schriften, 21 – 111,16-32)

*

Der Künstler im Dritten Reich hat zwischen der Ausübung von zwei Künsten, die sich nicht vertragen, zu wählen: der, Kunstwerke zu machen, und der, am Leben zu bleiben. (Schriften, 22 – 182,3-5)

*

So grausam ist zum Elefanten nur
Sein Bruder, der gezähmte Elefant.

(Gedichte, 12 – 238)

*

Als nun der Krieg zu End ging, hörte man
Da, wo es still genug war, daß die menschliche
Stimme
Nicht übertäubt wurde. (Gedichte, 15 – 160)

*

Der 17. Juni hat die ganze Existenz verfremdet. In aller ihrer Richtungslosigkeit und jämmerlichen Hilflosigkeit zeigen die Demonstrationen der Arbeiterschaft immer noch, daß hier die aufsteigende Klasse ist. Nicht die Kleinbürger handeln, sondern die Arbeiter. Ihre Losungen sind verworren und kraftlos, eingeschleust durch den Klassenfeind, und es zeigt sich keinerlei Kraft der Organisation, es entstehen keine Räte, es formt sich kein Plan. Und doch hatten wir die Klasse vor uns, in ihrem depraviertesten Zustand, aber die Klasse. Alles kam darauf an, diese erste Begegnung voll auszuwerten. Das war der Kontakt. (Journale, 27 – 346,20-30)

*

Manche Leute versprechen zu kommen und kommen hundert Mal, und man ist jedesmal erstaunt. Manche versprechen zu kommen und kommen hundert Mal nicht, und man ist jedesmal erstaunt. Wie kommt das? (Schriften, 22 – 28,23-26)

*

Ohne ihre menschlichen Erdbeben brauchte die Menschheit nicht einen Felsen Petri.

(Schriften, 24 – 413,26f.)

*

Die Zuschauer bei Katastrophen erwarten ja zu Unrecht, daß die Betroffenen daraus lernen werden. Solang die Masse das Objekt der Politik ist, kann sie, was mit ihr geschieht, nicht als einen Versuch, sondern nur als ein Schicksal ansehen; sie lernt sowenig aus der Katastrophe, wie das Versuchskarnickel über Biologie lernt. (Schriften, 24 – 264,25-30)

*

Don Juan ist kein Atheist im fortschrittlichen Sinn. Sein Unglaube ist nicht kämpferisch, indem er menschliche Aktionen fordert. Er ist einfach ein Mangel an Glauben. Da ist nicht eine andere Überzeugung, sondern keine Überzeugung.

(Schriften, 24 – 413,29-32)

*

Der heutige Mensch weiß wenig über die Gesetzlichkeiten, die sein Leben beherrschen. Er reagiert als gesellschaftliches Wesen meist gefühlsmäßig, aber diese gefühlsmäßige Reaktion ist verschwommen, unscharf, uneffektiv. Die Quellen seiner Gefühle und Leidenschaften sind ebenso verschlammt und verunreinigt als die Quellen seiner Erkenntnisse. Der heutige Mensch, lebend in einer sich rapid ändernden Welt, und sich selber rapid ändernd, hat kein Bild dieser Welt, das stimmt und auf Grund dessen er mit Aussicht auf Erfolg handeln könnte. Seine Vorstellungen vom Zusammenleben der Menschen sind schief, ungenau und widersprechend, sein Bild ist, was man unpraktikabel nennen könnte, d.h. mit seinem Bild von der Welt, der Menschenwelt, vor Augen kann der Mensch diese Welt nicht beherrschen. Er weiß nicht, wovon er abhängt, er kennt nicht den Griff in die soziale Maschinerie, der nötig ist, der den gewünschten Effekt hervorbringt. Die Kenntnis der Natur der Dinge, so sehr und so ingeniös vertieft und erweitert, ist ohne die Kenntnis der Natur des Menschen, der menschlichen Gesellschaft in ihrer Gesamtheit, nicht imstande, die Beherrschung der Natur zu einer Quelle des Glücks für die Menschheit zu machen. Weit eher wird sie zu einer Quelle des Unglücks. So kommt es, daß die großen Erfindungen und Entdeckungen nur eine immer schrecklichere Bedrohung der Menschheit geworden sind, so daß heute beinahe jede neue Erfindung nur mit einem Triumphschrei empfangen wird, der in einen Angstschrei übergeht. (Schriften, 22-548,26-549,12)

*

Das Unglück allein ist ein schlechter Lehrer. Seine Schüler lernen Hunger und Durst, aber nicht eben häufig Wahrheitshunger und Wissensdurst.

(Schriften, 24 – 273,15-17)

*

Die österreichischen Eisenbahner setzen ihre Forderungen bei der Regierung nicht durch einen Streik durch, sondern indem sie alle Betriebsbestimmungen gewissenhaft ausführen (was sonst nie geschieht), so daß kein Zug mehr ankommt noch abfährt.

(Der Tuiroman, 17 – 101,24-28)

*

Man hat sich oft gefragt, ob die Kunst des Speichelleckens ein angeborenes Talent voraussetze, aber die Frage ist müßig, denn, gibt es da eine natürliche Anlage, so ist sie, ebenso wie die für Musik, weit häufiger, als man gemeinhin glaubt. Musikalität trifft man seltener, weil mehr Sinn für Musik durch die Erziehung verwüstet als entwickelt wird, Speichelleckerei öfter, weil hier das Gegenteil der Fall ist. Anlage zur Speichelleckerei wird schon im frühen Kindesalter ermutigt (man kann Speichel die zweite Speise des Menschen nennen, jene, die gleich nach der Muttermilch eingesogen wird), sie macht den Lehrern selber Freude, die täppischsten Versuche gehen nicht auf die Nerven. Die Fortschritte sind meistens stürmisch, sie werden mehr durch Appetit, als durch Hunger gefördert. [. . .] Die Zunge des Speichelleckers muß sowohl ungemein feinfühlig, als auch sehr rauh sein können. Sie muß imstande sein, geradezu Rinnen im Boden zu lecken. Die Geschichte ist voll von Beispielen, daß ganze reich bevölkerte Landstriche verschwanden, wo die Zungen von Speichelleckern gehaust hatten.

(Der Tuiroman, 17 – 142,4-16 / 145,6-10)

*

Es hat heutzutage nur noch wenig Sinn, sich eine Persönlichkeit zuzulegen.

(Dreigroschenroman, 16 – 283,31f.)

9
Politisches

Politik ist kein Geschäft mehr.

(Die Geschäfte des Herrn Julius Caesar, 17 – 341,9)

*

Es gibt Leute, die die Fähigkeit besitzen, sich in andere überhaupt nicht einfühlen zu können, die von Tatsachen völlig unberührt bleiben und ihre Gedanken ganz und gar ungeniert, ohne jede Rücksicht auf die Umgebung und den Zeitpunkt, aussprechen. Solche Männer sind zu Führern geboren.

(Dreigroschenroman, 16 – 43,15-19)

*

Die Diktatoren setzten auch den Reichen ihren Fuß auf den Nacken. Sie befehlen ihnen, das Volk rücksichtslos auszubeuten.

(Die Geschäfte des Herrn Julius Caesar, 17 – 387,29f.)

*

Tyrannen bekommen die Wahrheit selten zu hören.

(Journale, 26 – 232,24)

*

Es gibt viele Arten zu töten. Man kann einem ein Messer in den Bauch stechen, einem das Brot entziehen, einen von einer Krankheit nicht heilen, einen in eine schlechte Wohnung stecken, einen durch Arbeit zu Tode schinden, einen zum Selbstmord treiben, einen in den Krieg führen und so weiter. Einiges davon ist in unserem Staate verboten.

(Buch der Wendungen, 18 – 90,3-8)

In der Politik ist es wie im eigentlichen Geschäftsleben. Kleine Schulden sind keine Empfehlung, große Schulden, das ändert den Aspekt. Ein Mann, der wirklich viel schuldet, genießt Ansehen. Für seinen Kredit zittert nicht mehr nur er selber, sondern auch der Gläubiger. Es müssen ihm große Geschäfte zugeschoben werden, damit er zurückzahlen kann. Er muß in guter Laune gehalten werden, sonst verzweifelt er und läßt alles seinen Lauf nehmen. Man kann auch nicht seinen Umgang meiden, da man ihn ja ständig mahnen muß. Kurz, er ist eine Macht.

(Die Geschäfte des Herrn Julius Caesar, 17 – 307,33-308,29)

*

»Es gibt eigentlich keine Partei«, beschwerte sich Macheath, »die meine Interessen voll und ganz vertritt. Ich gehe nicht so weit, das Parlament eine Schwatzbude zu nennen, das ist nicht recht, gewiß nicht. Es wird nicht nur geredet im Parlament, es wird dort auch gehandelt. Es wird um alles mögliche dort gehandelt, das muß jeder zugeben, der nicht rettungslos verhetzt ist. Aber die Frage ist doch, ob das Parlament im Ernstfall ausreicht. Meiner Meinung nach, es ist die Meinung eines ernsthaft arbeitenden Geschäftsmannes, haben wir nicht die richtigen Leute an der Spitze des Staates. Sie gehören alle irgendwelchen Parteien an und Parteien sind selbstsüchtig. Ihr Standpunkt ist einseitig. Wir brauchen Männer, die über den Parteien stehen, so wie wir Geschäftsleute. Wir verkaufen unsere Ware an Arm und Reich. Wir verkaufen jedem ohne Ansehen der Person einen

Zentner Kartoffeln, installieren ihm eine Lichtleitung, streichen ihm sein Haus an. Die Leitung des Staates ist eine moralische Aufgabe. Es muß erreicht werden, daß die Unternehmer gute Unternehmer, die Angestellten gute Angestellte, kurz: die Reichen gute Reiche und die Armen gute Arme sind. Ich bin überzeugt, daß die Zeit einer solchen Staatsführung kommen wird. Sie wird mich zu ihren Anhängern zählen.« (Dreigroschenroman, 16 – 339,37-340,18)

*

Frei nach eigenem Ermessen
Wähln wir unsern Staatenlenker
Wie's uns paßt! Nicht zu vergessen
Unsern Vogt und unsern Henker.

Wer uns überwacht und richtet
wer uns einteilt, wer uns zählt
Wer den Steuerzettel dichtet
Wird jetzt von uns selbst erwählt!

(Goliath, 10 – 777,24-34)

*

Die Menschen sind nicht politisch übersättigt, sondern unterernährt, weil man ihnen nur Ersatz anbietet. (Schriften, 23 – 157,13f.)

*

Politik hin, Politik her, über kurz oder lang entscheiden die Waffen. Nicht die Politiker werden das letzte Wort sprechen, sondern die Generäle.

(Die Geschäfte des Herrn Julius Caesar, 17 – 341,25-27)

*

Keine Regierung kann es mit ihrer Ehre vereinbaren, wenn Nachbarvölker mit reichen Bodenschätzen einen anmaßenden Ton anschlagen.

(Die Geschäfte des Herrn Julius Caesar, 17 – 375,13-15)

*

Wenn die Oberen vom Frieden reden
Weiß das gemeine Volk
Daß es Krieg gibt.

(Gedichte, 12 – 11)

*

Im allgemeinen kann man sagen, daß uns gemeinen Leuten Sieg und Niederlage teuer zu stehen kommen. Am besten für uns ist, wenn die Politik nicht recht vom Fleck kommt.

(Mutter Courage und ihre Kinder, 6 – 35,24-27)

*

Der Marxismus in der sehr verbreiteten Form des Murxismus ist dadurch furchtbar, daß er Esel in der Debatte unschlagbar macht. (Schriften, 22 – 33,7-9)

*

Das Gerede, das man überall hört, die bolschewistische Partei habe sich von Grund auf verändert, ist gewiß nicht richtig. Es ist eher das Unglück, daß sie sich nicht verändert hat. Immer noch, nach zwei Jahrzehnten Machtausübung ist ihr das russische Volk »der Hebel« für allerhand. – Immer noch nicht entscheidet das Volk, die Masse, das Proletariat, sondern die Regierung entscheidet für das Volk, die Masse, das Proletariat. (Journale, 26 – 348,24-33)

*

Die Prozesse betreffend ist die Stimmung in Skandinavien nicht nur bei den Intellektuellen, sondern tief hinein in die (von der Sozialdemokratie geleitete) Arbeiterschaft sehr unionfeindlich. Alles Interesse konzentriert sich wieder auf das psychologische Moment, auf Wahrscheinlichkeit oder Unwahrscheinlichkeit der »Geständnisse«. – Die Leute reagieren so: wenn ich höre, daß der Papst verhaftet wurde wegen Diebstahls einer Wurst und Albert Einstein wegen Ermordung seiner Schwiegermutter und Erfindung der Relativitätstheorie, dann erwarte ich, daß die beiden Herren das leugnen. Gestehen sie diese Vergehen, dann nehme ich an, sie wurden gefoltert. Ich meine keineswegs, daß die Anklage so oder ähnlich ist wie meine Karikatur, aber für hier wirkt sie so. Was wir zu tun haben, ist: sie begreiflich zu machen.

(Schriften, 22 – 367,14-27)

*

Die Frage, ob Hitler ehrlich ist, wird häufig gestellt, und viele tun so, als hinge von ihrer Beantwortung viel ab.

Man kann natürlich ebenso fragen, ob ein Negermedizinmann, der verkündet, daß erst wieder Regen kommen wird, wenn ein bestimmter Mann aufgefressen ist, es ehrlich meint. Im allgemeinen wird man nur dann dazu neigen, den Medizinmann für unehrlich zu halten, wenn er mit dem Mann, den zu essen er empfiehlt, nichts persönlich zu tun, also weder verwandt noch verschwägert, noch geschäftlich liiert, noch sonst irgendwie verfeindet ist. Der betreffende Mann selber wird ihn aber auch dann nicht für ehrlich halten, und auch wenn er ihn doch für ehrlich halten wird, so wird er doch gefressen werden, und zwar ohne daß dadurch ein Regen kommt. [...] Gewiß, Hitler könnte ehrlich sein und es gut meinen, und doch objektiv Deutschlands schlimmster Feind sein. Aber er ist nicht ehrlich.

(Schriften, 22 – 184,14-26; 185,27-29)

*

Sie tragen ein Kreuz voran
Auf blutroten Flaggen
Das hat für den armen Mann
Einen großen Haken

(Gedichte, 11 – 215)

*

Der Anstreicher kam zur Macht nicht nur durch einen Staatsstreich, sondern auch auf gesetzmäßige Weise. Seine Partei war plötzlich die größte aller Parteien, so daß ihm die Bildung der Regierung nach dem Gesetz zustand. Im Volk herrschte die größte Verwirrung. Viele stimmten für den Bekämpfer der Demokratie, weil sie Demokraten waren. Dann gab es die vielen Unzufriedenen, die mit bestimmten Parteien unzufrieden waren, nämlich den vorhandenen, und auf die Partei des Anstreichers blickten als auf eine, die noch nicht regiert, also noch nicht versagt hatte. Die Kälber, unzufrieden mit ihren Scherern und Futtermeistern und Hütern, entschieden, nun einmal den Metzger ausprobieren zu wollen.

(Schriften, 22 – 337,31-338,4)

O Deutschland, bleiche Mutter!
Wie sitzest Du besudelt
Unter den Völkern.
Unter den Befleckten fällst Du auf.

(Gedichte, 13 – 253,2-5)

*

Es hat keinen Sinn, den kapitalistischen Staaten Beschwörungsformeln entgegenzurufen. Beutet aus, aber nicht zu stark! Führt Kriege, aber nicht gegen die Zivilbevölkerung! Mit Kanonen, aber nicht mit Gas! Ich höre, der amerikanische Kongreß »beschränke die Rüstungsgewinne auf 10%«. Er könnte ebenso die Mannschaftsverluste im Krieg »auf 10% beschränken«. (Schriften, 22 – 531,6-12)

*

Nicht nur durch das Schwert kann das Volk ausgebeutet werden, nötig ist auch die Moral: sie ist das Öl, mit dem das Schwert eingefettet wird, sonst setzt das Schwert selber Rost an. (Der Tuiroman, 17 – 30,3-5)

*

Die Wirtschaft produziert den Krieg, aber die Politik soll ihn vermeiden. Die Außenpolitik ist defensiv, die Wirtschaft offensiv. (Der Tuiroman, 17 – 37,8-10)

*

Jede Regierung erklärt, wenn sie in einen Krieg zieht, wie ein Säufer, wenn er einen Schnaps hebt, es sei unwiderruflich der letzte.

(Flüchtlingsgespräche, 18 – 287,28-30)

*

Das neue Naziregime, eines der viehischsten, das die Geschichte kennt, hatte von Anfang an begeisterte Freunde in Ländern, benachbart Deutschland oder sogar weit entfernt gelegen, über Ozeanen, und diese Freunde und Bewunderer hatten schon angefangen, zu verkünden, daß dieses Regime vom ganzen deutschen Volk geliebt und enthusiastisch unterstützt werde. [...] Laßt uns der Welt laut sagen, daß in diesem Deutschland in keinem Augenblick der Kampf des Volkes gegen sein Regime aufgehört hat. Wir wissen, daß das Naziregime gezwungen war, mehr als zwei Millionen Männer und Frauen in Konzentrationslager und Zuchthäuser zu werfen, weil sie gegen das Regime kämpften. Über 200 000 Menschen, also eine ganze Armee, hielt Hitler zu Beginn seines Krieges in seinen Lagern gefangen. Diese 200 000 Deutschen waren seine ersten Kriegsgefangenen. Und heute noch zwingen ihn seine Feinde in Deutschland, mehr als 30 mechanisierte Divisionen von Elitetruppen, die SS, aus dem Krieg zu halten zu Polizeidiensten gegen das deutsche Volk.

(Schriften, 23 – 30,14-31,17)

*

Wie alle wissen, sind die Schweizer eine überaus kriegerische und blutdürstige Rasse. Ihr Fremdenhaß ist berüchtigt. Sie plündern Fremde aus bis aufs Hemd, wenn sie sich in ihr Land verirren. Für gewöhnlich sperren sie die Unglücklichen in eigene Häuser, die sogenannten Hotels. Die daraus entfliehen, verfolgen sie bis auf die höchsten Berge. Sie sollen den Fremden sogar kleine Glocken um den Hals hängen, damit sie, wenn entkommen, immer wieder schnell entdeckt werden können. Jetzt hat dieses Volk beschlossen, die Welt zu erobern. Ihre Priester sollen Träume gehabt haben, in denen die Götter ihnen verkündigten, daß sie dazu ausersehen seien, die Welt zu beherrschen. Nur darum seien sie alle so stark, wild und klug geboren. So rotten sie sich denn jetzt unter der Führung der Besitzer der Hotelli zusammen, bewaffnen sich, studieren kriegerische Lieder ein und exerzieren Tag und Nacht.

(Die Geschäfte des Herrn Julius Cäsar, 10 – 820,8-24)

*

Vorspiel in den höheren Regionen,
worin ein überlebensgroßer Hitler mit einer überlebensgroßen Stimme zu seinem überlebensgroßen Polizeichef Himmler über die mutmaßliche Treue, Zuverlässigkeit, Opferfreude, Hingabe, Begeisterung, geopolitische Orientiertheit usw. usw. des »kleinen Mannes« in Europa spricht. Er benötigt diese Tugenden des kleinen Mannes, da er beschlossen hat, die Welt zu erobern. Sein Polizeichef versichert ihm, daß der kleine Mann in Europa dieselbe Liebe für ihn fühlt wie der kleine Mann in Deutschland. Dafür sorgt die Gestapo. Der Führer hat nichts zu befürchten und kann unbesorgt an die Welteroberung gehen. (Schriften, 24 – 325,15-25)

*

Der gewaltige Hitler, der bei seiner Welteroberung auf Hindernisse gestoßen ist, braucht mehr Flugzeuge, Tanks und Kanonen und erkundigt sich bei dem gewaltigen Göring, ob der kleine Mann in Europa für ihn arbeiten wird. Dieser versichert ihm, daß der kleine Mann in Europa genauso für ihn arbeiten wird wie der kleine Mann in Deutschland. Dafür sorgt die Gestapo. Der Führer hat nichts zu befürchten und kann unbesorgt seine Welteroberung fortsetzen.

(Schriften, 24 – 328,6-14)

*

Der besorgte Hitler, der in den russischen Winter geraten ist, braucht mehr Soldaten. Er erkundigt sich bei dem besorgten Goebbels, ob der kleine Mann in Europa genauso für ihn kämpfen wird wie der kleine Mann in Deutschland: dafür sorgt die Gestapo.

(Schriften, 24 – 331,24-29)

*

Tief in den östlichen Steppen ist es auch, wo der brave Soldat Schweyk seinem Führer Hitler persönlich begegnet. Ihre Unterredung im Schneetreiben ist kurz und wird durch den Sturm beinahe verschluckt. Der Inhalt der historischen Unterredung ist, daß Hitler nach dem Weg zurück fragt.

(Schriften, 24 – 333,27-31)

*

Es ist von großer Wichtigkeit, daß kein Deutscher, wer und wo immer er sei, glaubt, die Zukunft Deutschlands hänge von ihm nicht ab. Ich meine: was ich tun kann, werde ich tun, daß die Zukunft Deutschlands nicht finster ist. (Journale, 26 – 300,6-10)

*

Der Kaiser schlief schlecht. Die Zeiten waren vorüber, von denen bei den Klassikern steht: sie sind glücklich. Die Regierenden haben nichts zu tun.

(Der Tuiroman, 17 – 65,11-13)

*

9.4.41
Die Welt hält wieder den Atem an. Die deutsche Armee rollt nach Saloniki in genau dem Tempo, das die Autos eben hergeben. Man hatte sich einen monatelangen Kampf vorgestellt, es waren Tage. Man erwartete dort die englische Wavellarmee zu sehen, es war nichts. Es ist, als ob nur diese Armee sich bewegen könnte. Sie allein schafft und beherrscht den Schlachtwürfel, der das Schlachtfeld abgelöst hat. Die veralteten Armeen konkurrieren da wie der Spinnrocken gegen die Jenny. Tapferkeit verliert gegen Fahrkunst, Unermüdlichkeit gegen Pünktlichkeit, Ausdauer gegen Fleiß. Die Strategie ist zur Chirurgie geworden. Ein feindliches Land wird »geöffnet«, nachdem es betäubt worden ist, dann wird tamponiert, desinfiziert, genäht usw. Alles mit der Ruhe.

(Journale, 26 – 395, 20f.)

*

Bomben brauchen keinen Mut.

(Journale, 26 – 374,5)

*

Nicht nur der Terror hält das deutsche Volk im Krieg. Und dieser Fakt beschäftigt viele Köpfe.

(Schriften, 23 – 35,33f.)

*

Natürlich gibt es so etwas wie die »Knechtseligkeit der Deutschen«. Sie hat ihre historischen Gründe (aber erklärt ist sie nicht beseitigt).

(Journale, 27 – 161,10-12)

*

Ohne starke Polizei und ständige Aufsicht können Sie aus keinem Volk eine Herrenrasse machen.

(Flüchtlingsgespräche, 18 – 293,26f.)

*

Wenn ein Reich durch Banden, die sich der Regierung bemächtigt haben, in den Abgrund geführt wird, finden diejenigen, die das Ende voraussagen, aus folgenden Gründen wenig Glauben: große Reiche haben schon ihrer Größe wegen etwas Dauerhaftes an sich. Das Leben im kleinen geht ja auch in gewohnter Weise weiter, die Bäcker verkaufen Brot, es werden Bücher gedruckt, es erscheinen Zeitungen, es werden Ehen geschlossen, die Toten werden begraben, man baut Häuser. In dem allem ist noch Vernunft tätig. Der Betrachtende hofft nun, ohne sich darüber besonders Rechenschaft zu geben, diese große Summe von Vernunft, dieses ausgedorrte Handeln wie sonst müsse doch den wahnwitzigen Zügen der Herrschenden begegnen. Diese wahnwitzigen Züge bekommen davon einen Anschein von Möglichkeit, ja von Vernunft. (Buch der Wendungen, 18 – 121,17-30)

*

Ich kenne die Ziffern der im Dritten Reich ermordeten Widerstandskämpfer. Sie sind riesig. Da sind mehr Leute gefallen als in Frankreich und Norwegen;

da haben mehr Leute gekämpft als in den englischen und amerikanischen Heeren. Ich nenne die Ziffern, wo ich nur kann. Aber ich weiß auch, daß die überlebenden Kämpfer heute nicht wagen, von ihren Taten zu sprechen, aus Besorgnis, jetzt für Vaterlandsverräter erklärt zu werden. Davon zu reden, schäme ich mich, ich weiß nicht, warum.

(Schriften, 23 – 100,35-102,4)

*

Die Deutschen im Exil sind wohl einstimmig in diesem Krieg für die Niederlage Deutschlands. Sie bedauern jeden Sieg der deutschen Waffen, sie begrüßen jeden Fehlschlag. Sie wissen, daß jeder Fehlschlag tausend deutscher Soldaten das Leben kostet, aber auch jeder Sieg kostet Tausenden deutscher Soldaten das Leben. Die unvermeidliche Endniederlage Hitlerdeutschlands wird unser Land in unausdenkbarem Elend sehen. Ein Sieg würde die ganze bewohnte Welt in solchem Elend sehen, Deutschland natürlich eingeschlossen. Dieses System blutiger Unterdrückung, hemmungsloser Profitiererei, völliger Unfreiheit würde wie eine einzige ungeheure Dreckwelle alles verschlingen, was von den Völkern in Hunderten von Jahren mit solchen Opfern errungen wurde. Die endgültige Niederlage Deutschlands hingegen wird nicht nur die andern Völker von der ständigen Bedrohung befreien, sondern auch das deutsche Volk. Bevor Hitler und seine Hintermänner in Armee, Diplomatie und Finanz die Tschechoslowakei, die skandinavischen Länder, Holland, Belgien, Frankreich, den Balkan und Weißrußland unterworfen haben, haben sie das deutsche Volk unterworfen. Es war ihr erster Besiegter. Wenn sie die ganze Welt unterwerfen würden, würden sie immer noch das deutsche Volk unter ihrem blutigen Stiefel halten. So schwach unsere, der Flüchtlinge, Stimme in dem Schlachtenlärm sein mag, der immer mehr Kontinente erfüllt, sie ist doch nicht ganz unhörbar, nichts als dieser schwache Laut ist übriggeblieben von der mächtigen Stimme unseres großen und einstmals geachteten Volkes. Wir hoffen, wir sagen was das deutsche Volk selber sagen würde, könnte es reden. Wir sagen, daß Hitler und seine Hintermänner nicht Deutschland sind, was immer sie behaupten mögen. Daß sie Deutschland sind, das ist die erste ihrer unverschämten Lügen.

(Schriften, 23 – 32,15-33,5)

*

Reden wir eine Zeitlang nicht mehr vom *Volk*. Reden wir von der Bevölkerung. (Schriften, 23 – 102,17f.)

*

Die friedliche Einigung Europas kann nur darin bestehen, daß die Staaten Europas sich darüber einigen, ihre verschiedenen wirtschaftlichen Systeme nebeneinander bestehen zu lassen. (Schriften, 23 – 206,18-20)

*

Der Menschheit drohen Kriege, gegen welche die vergangenen wie armselige Versuche sind, und sie werden kommen ohne jeden Zweifel, wenn denen, die sie in aller Öffentlichkeit vorbereiten, nicht die Hände zerschlagen werden. (Schriften, 23 – 216,8-11)

Wenige wollen ihn, viele doch fürchten ihn, aber sie alle kommen hinein. (Schriften, 23 – 154,3f.)

*

Ich lobe ihn [Stalin] aus vielen Gründen. Aber zumeist, weil unter seiner Führung die Räuber geschlagen wurden. Die Räuber, meine Landsleute.

(Schriften, 23 – 226,3-5)

*

Für den großen Helden mag es angenehm sein, seine Heldentat zu überleben, aber für den kleinen Helden ist es furchtbar. Wenn die Sieger heimkehren, schlagen ihnen die Herzen entgegen, aber der Tag des Triumphes ist meistens der letzte, an dem die Sieger gern gesehen sind. Man bemüht sich überall, den Krieg zu vergessen, und die Sieger gehören zum Krieg. Nicht jedem Unbekannten Soldaten gelingt es, sich unter dem Triumphbogen zu verkriechen.

(Die Judith von Shimoda, 10 – 873,28-35)

*

Die Erwartung eines neuen Krieges paralysiert den Wiederaufbau der Welt. Sie steht heute nicht mehr vor der Wahl zwischen Frieden und Krieg, sondern vor der Wahl zwischen Frieden und Untergang. Den Politikern, die dies noch nicht wissen, erklären wir mit Entschiedenheit, daß die Völker Frieden wollen.

(Schriften, 23 – 62,3-7)

*

Es ist wirklich schwer zu sehen, wie die Sowjetunion mit dem Westen über die beiden Deutschland einig werden könnte. Ohne Braut gibt's keine Heirat, sagt ein alter Bauernspruch. (Schriften, 23 – 158,33-35)

*

So was hätt einmal fast die Welt regiert!
Die Völker wurden seiner Herr, jedoch
Daß keiner uns zu früh da triumphiert –
Der Schoß ist fruchtbar noch, aus dem das kroch!

(Der Aufstieg des Arturo Ui, 7 – 112,20-23 / Gedichte, 12 – 166)

*

Es ist der älteste Trick der Bourgeoisie, den Wähler frei seine Unfreiheit wählen zu lassen, indem man ihm das Wissen um seine Lage vorenthält.
Das, was jemand braucht, um seinen Weg wählen zu können, ist Wissen. Was kommt dabei heraus, wenn man einen Mann, der weder Notenlesen noch Klavierspielen lernen durfte, vor ein Klavier stellt und ihm die freie Wahl über die Tasten läßt?

(Schriften, 23 – 272,23-29)

*

Gelegentlich habe ich auch einige jener Freiheiten genossen, welche die bürgerliche Gesellschaft in der Hoffnung gewährt, daß sie nicht sehr stören. Es war mir etwa zu sagen erlaubt, daß der Krieg zur Lebensweise der kapitalistischen Länder gehört und mitunter ihre Sterbensweise wird. Wie man weiß, habe ich dadurch Kriege nicht aufgehalten.

(Schriften, 23 – 273,11-16)

*

Zu unserer Zeit weist man die Fremden aus und man betrachtet als fremd alle, deren Vorfahren irgendeinmal außerhalb des Landes gelebt haben, so als wollte man möglichst viele verjagen, nicht möglichst wenige. (Buch der Wendungen, 18 – 86,19-22)

*

Wenn Deutschland einmal vereint sein wird, jeder weiß, das wird kommen, niemand weiß, wann – wird es nicht sein durch Krieg. (Schriften, 23 – 416,22-24)

10
Vom Geld und von Geschäften

Bruder, wir müssen vom Geld reden!

(Herr Puntila und sein Knecht Matti, 6 – 291,38)

*

Der Mensch ist zur Arbeit nicht gemacht.
Aber das Geld, um das sollst du dich rühren!
Das Geld ist gut. Auf das Geld gib acht!

(Gedichte, 13 – 332f.)

*

Das Geld ist etwas sehr Wichtiges. Dies wird allgemein anerkannt, doch ist es nur wenigen Leuten recht. Wiewohl das Geld jedem große Ehre verschafft, der es besitzt, schämen sich doch fast alle, die ihn ehren, weil er es besitzt. Es gilt nicht für ehrenwert, viel dafür zu geben, es gilt als das Beste, es für ganz gering geachtete Anstrengungen wie die des Fleißes oder der Verbindungen oder der belustigenden Schlauheit zu erhalten, und es gilt nicht einmal für besonders unrecht, es sich ohne jeden Gegendienst zu verschaffen.

(Jae Fleischhacker in Chikago, 10 – 282,5-13)

*

In dem Krieg ist noch allerhand für uns drin!

(Mutter Courage und ihre Kinder, 6 – 77,31)

*

Die Grenzen, welche die Waren nicht überschreiten können, werden die Armeen überschreiten.

(Die Judith von Shimoda, 10 – 843,21f. / Journale, 26 – 330,4-7)

Die Hauptschwierigkeit besteht darin, in die großen Geschäfte hineinzukommen; ist man drinnen, wird es für die andern schwierig, einen wieder hinauszuwerfen. (Die Geschäfte des Herrn Julius Caesar, 17 – 308,8-10)

*

Ich muß wieder in'n Handel kommen!

(Couragemodell 1949, Text, 49)

*

Die große Menge ist nicht für Krieg. Aber es gibt so viele Mühsale. Könnten sie nicht durch einen Krieg beseitigt werden? Hat man nicht doch ganz gut verdient im letzten, jedenfalls bis knapp vor dem Ende? Gibt es nicht doch auch glückliche Kriege?

(Schriften, 24 – 273,34-38)

*

Krieg wird sein, solange auch nur ein Mensch noch am Krieg verdient! (Schriften, 23 – 117,37f.)

*

Wie nicht jeder weiß, führen Kriege außer zu seelischem Aufschwung auch zu einer nicht unbeträchtlichen Belebung der Geschäfte. Sie haben viel Unheil im Gefolge, aber die Geschäftsleute haben sich gemeinhin nicht zu beklagen.

(Dreigroschenroman, 16 – 64,11-14)

*

Nur wer im Wohlstand lebt, lebt angenehm!

(Gedichte, 11 – 142)

*

Es ist ganz falsch [...], sich zu fragen, ob man ein Mädchen ihres Geldes wegen oder ihrer selbst wegen heiratet. Das fällt oft zusammen. Es gibt wenig Dinge an einem Mädchen, die einen Mann sinnlich so reizen wie ein Vermögen. (Dreigroschenroman, 16 – 33,32-36)

*

»Sollte«, schrieb er in sein Tagebuch, »es wirklich so viel ausmachen, daß man ein Mädchen bereits genossen hat? Was bedeutet schon diese erste, doch immer recht unvollkommene Umarmung? Man muß doch wohl an einen inneren Herrentrieb im Manne denken, der seinen Hauptgenuß darin findet, das Weib sich zu unterwerfen, es zu besiegen! Woher sonst diese Gleichgültigkeit nach vollzogener Besitznahme? Sie tritt sogar ein, wo es sich nicht einmal um den Raub einer Jungfernschaft handelt! Oder sollten wirklich wirtschaftliche Erwägungen eine solche Rolle im Seelenleben spielen? Sollte es mich tatsächlich innerlich, seelisch beeinflussen, daß die Peachum heute nicht mehr als Partie ernstlich in Betracht kommt, nachdem ihr Vater so in Verlust geraten ist? Schließlich wurden die Verluste ihm von mir selber beigebracht ... Aber der Instinkt fragt vielleicht gar nicht nach Schuld, sondern hält sich an die Tatsache ... Jedenfalls stellte ich an mir ein Gefühl vollständiger Entfremdung fest.«

(Dreigroschenroman, 16 – 278,3-18)

*

Wenn Sie zahlen können, sind Sie nirgends auf Nächstenliebe angewiesen. (Flüchtlingsgespräche, 18 – 273,24f.)

*

Geld stinkt, das merk dir!

(Herr Puntila und sein Knecht Matti, 6 – 293,2f.)

*

Es ist nicht alles Gold, was stinkt.

(Schriften, 23 – 52,28)

*

Die Ökonomie ist weder das Hauptstoffgebiet der Kunst, noch ist ihre Umformung oder Verteidigung eines ihrer Ziele: sie ist, sowohl mehr als auch weniger: ihre Voraussetzung. (Schriften, 21 – 376,11-13)

*

Ich bin Stückeschreiber. – Eigentlich wäre ich gern Tischler geworden, aber damit verdient man natürlich zuwenig. (Journale, 26 – 304,5f.)

*

Ich habe die denkbar besten Verträge mit Vertrieben, Bühnen, Verlagen. Ich kann mich weder über die Presse noch über das Publikum beklagen. Wenn ich im Romanischen Café auftauche, werden sie an vielen Tischchen gell. Aber ich kann nicht leben. Ich fahr nicht Auto und besuch nicht Spielhöllen. Ich kann mit meinen Einnahmen meinen Lebensunterhalt nicht mehr bezahlen. (Journale, 26 – 278,14-20)

*

»Gewiß, man muß essen um zu leben. Aber man hat noch nicht gelebt, wenn man gegessen hat. Die eigentliche Triebkraft der Menschheit ist das Bedürfnis, sich auszudrücken, das heißt seine Persönlichkeit zu verewigen. Wobei das geschieht und wodurch, das ist völlig nebensächlich. Der geborene Reiter drückt sich aus, indem er reitet. Ob ihm das Pferd gehört, ist unendlich gleichgültig. Er will reiten. Ein anderer will Tische machen. Er ist glücklich, wenn er das geliebte Holz in der Hand hat und sich mit seinen Werkzeugen in ein Zimmer einschließen darf. Das ist das ganze Geheimnis der Wirtschaft. Wer nichts will, wer alles nur tut, um damit Geld zu verdienen, der ist auf jeden Fall ein armer Mensch, auch wenn er dieses Geld verdient. Ihm fehlt es am Eigentlichen. Er ist nichts und will daher auch nichts schaffen«.

(Dreigroschenroman, 16 – 158,20-32)

*

Psychoanalytiker haben mehr sex appeal als die Astrologen. Damit ist natürlich nicht gemeint, daß sie ihren Klientinnen und Klienten physisch zur Verfügung stehen; das Verhältnis zu ihnen ist wie das zu hübschen Eunuchen ein geistiges. Was sie zu verkaufen haben, ist Verständnis. Man vergleicht sie gewöhnlich mit den Beichtigern der Kirche, ich glaube aber, daß das Vergnügen, sexuelle Regungen zur Sprache zu bringen, im Beichtstuhl tiefer ist als auf dem Sofa des Analytikers, da sich da größere Gegensätze berühren. Freilich verschafft die Psychoanalyse ein anderes Vergnügen, nämlich das, möglichst viel Geld für die eigene Person auszugeben. Die Psychoanalytiker sehen bekanntlich eine starke Heilkraft im Zahlen – der Patient nimmt sie ernst, weil er zahlt; sehr ernst, weil er sehr viel zahlt. Z.B. finden die höchstbezahlten Sklaven der Nation, die Film-Schreiber, Produzenten, Schauspieler, in der Psychoanalyse etwas, was sie ernst nehmen können; sie sollen, ob man es glaubt oder nicht, wenn sie von der Arbeit zu ihren Schwimmbassins heimkehren, ein Gefühl der Leere empfinden. Wenn oberflächliche Naturen, wie z.B. der Verfasser, über die Psychoanalyse lachen (d.h. über ihre Kunden), so wissen sie nur nicht, wie es mit ihnen selber steht. In einer Gesellschaft wurde der Verfasser höhnisch gefragt, warum er, seiner Meinung nach, das Bedürfnis empfinde, eine hochgeschlossene Jacke zu tragen (und wenn irgend zulässig, keine Krawatte); nach Ansicht der Gesellschaft war er mehr als reif für die Psychoanalyse. Eine Trumpfkarte der Psychoanalytiker ist, daß die ärmere Bevölkerung ebenfalls eine riesige Anzahl von Neurotikern aufweist. Allerdings verschwinden die Neurosen, höre ich, wenn der Patient eine Anstellung bekommt: der Psychoanalytiker wird arbeitslos, wenn der Patient Arbeit bekommt. Für den Armen ist das ein fast unlösbares Problem. Wenn er nicht verdient, braucht er Psychoanalyse, kann sie aber nicht erschwingen. Wenn er verdient und sie erschwingen kann, braucht er sie nicht mehr.

(Schriften, 23 – 46,37-47,31)

*

Es gibt mehrerlei Arten von Leuten: solche, die Geschäfte machen, und solche, die Bücher lesen. Diejenigen, die Geschäfte machen, verstehen wenig vom Bücherlesen, diejenigen, die Bücher lesen, wenig vom Geschäftemachen. Dies ist einer der Gründe, warum es so schwer ist, Bücher über Geschäfte zu schreiben

– und damit Geschäfte zu machen. [. . .] Schreibt ein Schriftsteller heute ein dramatisches (oder auch belletristisches) Werk, in dem Geschäfte vorkommen, so muß er damit rechnen, daß jene, die vom Inhalt seines Stückes (oder Buches) etwas verstehen würden, es nicht lesen und jene, die es lesen würden, vom Inhalt nichts verstehen. Übrigens sind die Geschäftsleute etwas weniger schlimm als die Kunstkenner. Sie interessieren sich gelegentlich doch auch für Kunst, allerdings machen sie einen Vorbehalt: es darf nichts von Geschäften darin vorkommen. Diese Forderung verbindet sie geistig mit ihren sonstigen Gegnern, den Kunstliebhabern. Wir wollen zunächst die Einwände der Liebhaber von Geschäften in der Kunst unberücksichtigt lassen, da sie in der Hauptsache dieselben sind wie die der Liebhaber der Kunst. Ein Hauptargument ist zum Beispiel das: die Kunst ist zu ernst, als daß sie sich mit etwas so Niedrigem wie Geschäften befassen dürfte. (In diesen heiligen Hallen kennt man Geschäfte nicht.)

(Schriften, 21 – 376,18-377,12)

*

Diesen Leuten fehlt es an Ernst. Wenn man ihnen zuhört, könnte man glauben, sie verdienten ihr Geld nur um der Aufregungen willen, die damit verbunden sind. (Dreigroschenroman, 16 – 159,27-30)

*

Du hast kein Talent. Du hast nichts zu verkaufen.

(Dreigroschenroman, 16 – 203,25f.)

*

Wenn reiche Leute ihre Habe verlieren, haben sie immer noch ein paar Milliönchen in irgendeinem alten Strumpf und ein bißchen Kapital haben sie als vernünftige Leute ja auch rechtzeitig verschoben.

(Pluto – 10, 827,3-6)

*

Niedrig gilt das Geld auf dieser Erden
Und doch ist sie, wenn es mangelt, kalt
Und sie kann sehr gastlich werden
Plötzlich durch des Gelds Gewalt.
Eben war noch alles voll Beschwerden
Jetzt ist alles golden überhaucht.
Was gefroren hat, das sonnt sich.
Jeder hat das, was er braucht!
Rosig färbt der Horizont sich
Blicket hinan: der Schornstein raucht!
Ja, da schaut sich alles gleich ganz anders an.
Voller schlägt das Herz, der Blick wird weiter.
Reichlich ist das Mahl. Flott sind die Kleider.
Und der Mann ist jetzt ein andrer Mann.

Ach, sie gehen alle in die Irre
Die da glauben, daß am Geld nichts liegt.
Aus der Fruchtbarkeit wird Dürre
Wenn der gute Strom versiegt.
Jeder schreit nach was und nimmt es, wo er's kriegt.
Eben war noch alles nicht so schwer.
Wer nicht grade Hunger hat, verträgt sich.
Jetzt ist alles herz- und liebeleer.
Vater, Mutter, Brüder: alles schlägt sich!

Sehet der Schornstein, er raucht nicht mehr!
Überall dicke Luft, die uns gar nicht gefällt.
Alles voller Haß und voller Neider.
Keiner will mehr Pferd sein, jeder Reiter
Und die Welt ist eine kalte Welt.

So ist's auch mit allem Guten und Großen
Es verkümmert rasch in dieser Welt
Denn mit leerem Magen und mit bloßen
Füßen ist man nicht auf Größe eingestellt.
Man will nicht das Gute, sondern Geld.
Und man ist von Kleinmut angehaucht.
Aber wenn der Gute etwas Geld hat
Hat er, was er doch zum Gutsein braucht.
Wer sich schon auf Untat eingestellt hat
Blicke hinan: der Schornstein raucht!
Ja, da glaubt man wieder an das menschliche
Geschlecht.
Edel sei der Mensch, gut und so weiter.
Die Gesinnung wächst. Sie war geschwächt.
Fester wird das Herz. Der Blick wird breiter.
Man erkennt, was Pferd ist und was Reiter.
Und so wird das Recht erst wieder Recht.

(Die Rundköpfe und die Spitzköpfe, 4 – 211,32-213,4)

*

Wenn ich als kleiner Kaufmann stets erfahre
Den großen Haien kommt man niemals bei
Dann rauf ich mir die paar verbliebenen Haare
Und frage mich: wie werde ich ein Hai?
Als solcher weiß ich, was die kleinen Leute

Seit alters tun für Brot und einen Tritt
Und mache nichts den ganzen Tag als Beute:
Ich weiß Bescheid und mache meinen Schnitt.

(Turandot, 9 – 175,31-38)

*

Hab ich den Richter nicht in meiner Tasche
Indem er was von mir in seiner hat
Bin ich ganz machtlos. Jeder kleine Schutzmann
Schießt mich, brech ich in eine Bank, halbtot.

(Der Aufstieg des Arturo Ui, 7 – 24,33-36)

*

Als ich schon jahrelang ein namhafter Schriftsteller war, wußte ich noch nichts von Politik und hatte ich noch kein Buch und keinen Aufsatz von Marx oder über Marx zu Gesicht bekommen. Ich hatte schon vier Dramen und eine Oper geschrieben, die an vielen Theatern aufgeführt wurden, ich hatte Literaturpreise erhalten, und bei Rundfragen nach der Meinung fortschrittlicher Geister konnte man häufig auch meine Meinung lesen. Aber ich verstand noch nicht das Abc der Politik und hatte von der Regelung öffentlicher Angelegenheiten in meinem Lande nicht mehr Ahnung als irgendein kleiner Bauer auf einem Einödshof. [. . .] Dann half mir eine Art Betriebsunfall weiter. Für ein bestimmtes Theaterstück brauchte ich als Hintergrund die Weizenbörse Chicagos. Ich dachte, durch einige Umfragen bei Spezialisten und Praktikern mir rasch die nötigen Kenntnisse verschaffen zu können. Die Sache kam anders. Niemand, weder einige bekannte Wirtschaftsschriftsteller noch Geschäftsleute – einem Makler, der an der Chicagoer Börse ein Leben lang gearbeitet hatte, reiste ich von Berlin bis nach Wien nach –, niemand konnte mir die Vorgänge an der Weizenbörse hinreichend erklären. Ich gewann den Eindruck, daß diese Vorgänge schlechthin unerklärlich, das heißt von der Vernunft nicht erfaßbar, und das heißt wieder einfach unvernünftig waren. Die Art, wie das Getreide der Welt verteilt wurde, war schlechthin unbegreiflich. Von jedem Standpunkt aus außer demjenigen einer Handvoll Spekulanten war dieser Getreidemarkt ein einziger Sumpf. Das geplante Drama wurde nicht geschrieben, statt dessen begann ich Marx zu lesen, und da, jetzt erst, las ich Marx.

(Schriften, 22 – 138,11-139,10)

*

Natürlich, sagen die kleinen Leute, nehmen die Besitzenden den andern das Geld nicht einfach aus der Tasche! Tatsächlich besteht ja auch ein Unterschied zwischen der Art und Weise, wie Rothschild eine Bank an sich bringt und einem ordinären Bankeinbruch. Das weiß man doch! Ich aber weiß: jene, die ihre Verbrechen im großen ausführen, sind so ziemlich die einzigen, die auch kleine begehen können, ohne gefaßt zu werden, sie machen ausgiebigen Gebrauch davon. (Dreigroschenroman, 16 – 202,15-23)

*

Was ist ein Dietrich gegen eine Aktie? Was ist ein Einbruch in eine Bank gegen die Gründung einer Bank? Was ist die Ermordung eines Mannes gegen die Anstellung eines Mannes?

(Die Dreigroschenoper, 2 – 305,10-14 / Dreigroschenroman, 16 – 244,5-8)

*

Früher hat ein Unternehmer seine Arbeiter und Angestellten einfach hinausgeworfen, wenn ihnen der Lohn oder ihm der Profit nicht ausreichte. Er wirft sie auch heute noch hinaus, natürlich, er macht auch heute noch Profit, vielleicht macht er sogar mehr Profit heute als früher, aber unter welchen entwürdigenden Umständen! Er muß den Gewerkschaftsführern erst Zigarren in die ungewaschenen Mäuler stecken und ihnen eintrichtern, was sie den Herren Arbeitern sagen sollen, damit sie gnädigst in seinen Profit einwilligen. Das ist doch eine hündische Haltung! Einen anständigen Menschen würde unter solchen Umständen sein Profit überhaupt nicht mehr freuen, und wenn er noch so groß wäre! Er ist mit einer zu großen Preisgabe menschlicher Würde erkauft!

(Dreigroschenroman, 16 – 358,39-359,11)

*

Ich kann über das Kapital Auskunft geben [. . .]. Das Geld ist es, das seinen Zins wirft, wie die Kuh kalbt. Sei es ererbt, sei es erworben, wer darüber verfügt, dem wirft es Zins. (Dreigroschenroman, 16 – 388,17-20)

*

Der war nie reich, der niemals was verlor!

(Gedichte, 11 – 187)

*

Die Selbstlosigkeit ist eine seltene Tugend, weil sie sich nicht rentiert.

(Mutter Courage und ihre Kinder, 6 – 76,13f.)

*

Gute Mädchen [...] können innig lieben
Wenn man ihnen was verehrt.
Und der Grund ist: Geld macht sinnlich
Wie uns die Erfahrung lehrt.

(Die Rundköpfe und die Spitzköpfe, 4 – 239,30-35)

*

Jetzt erkenne ich: als ich diese Stadt betrat, um mir mit Geld Freude zu kaufen, war mein Untergang besiegelt. Ich war es, der sagte: Jeder muß sich sein Stück Fleisch herausschneiden, mit jedem Messer. Da war das Fleisch faul. Die Freude, die ich kaufte, war keine Freude, und die Freiheit für Geld war keine Freiheit. Ich aß und wurde nicht satt, ich trank und wurde durstig.

(Aufstieg und Fall der Stadt Mahagonny, 2 – 386,21-27)

*

Nämlich dieses schöne Mahagonny
Hat alles solange ihr Geld habt
Dann gibt es alles, weil alles käuflich ist
Und weil es nichts gibt, was man nicht kaufen kann.

(Aufstieg und Fall der Stadt Mahagonny, 2 – 387,11-15)

*

And you must have dollars, oh you know why.

(Gedichte, 11,104)

*

Was ist eigentlich ein Mensch?
Weiß ich, was ein Mensch ist?
Weiß ich, wer das weiß!
Ich weiß nicht, was ein Mensch ist
Ich kenne nur seinen Preis.

(Die Maßnahme, 3 – 89,1-5)

*

Die Bestechlichkeit ist bei die Menschen dasselbe wie beim lieben Gott die Barmherzigkeit. Bestechlichkeit ist unsre einzige Aussicht. Solangs die gibt, gibts milde Urteilssprüch, und sogar der Unschuldige kann durchkommen vor Gericht.

(Mutter Courage und ihre Kinder, 6 – 43,38-41)

*

Ich gebe zu, ich verstehe nichts von Geschäften, vielleicht muß man sich da erkundigen, was das Übliche ist. Aber überhaupt Geschäfte! Ist das denn so nötig? Immer machen sie jetzt Geschäfte! Machten die sieben guten Könige Geschäfte? Verkaufte der gerechte Kung Fische? Was haben Geschäfte mit einem rechtschaffenen und würdigen Leben zu tun?

(Der gute Mensch von Sezuan, 6 – 212,31-37)

*

Gegen Krisen kann keiner was!

(Die heilige Johanna der Schlachthöfe, 3 – 161,12)

*

Warum bist du gegen Geld? und siehst
Wenn du keins hast, so sehr verändert aus?
Was denkst du über Geld? Sag mir's, ich
Will's wissen, und denk nicht Falsches
Nicht wie ein Dummkopf über Geld denkt als
Etwas Zweifelhaftes. Bedenk die Wirklichkeit und
Platte Wahrheit, vielleicht nicht angenehm, aber doch
Eben wahr, daß alles schwankend ist und preisgegeben
Dem Zufall beinah, der Witterung das menschliche Geschlecht
Geld aber ein Mittel, einiges zu verbessern und sei's
Für einige nur, außerdem: dieser Aufbau!

(Die heilige Johanna der Schlachthöfe, 3 – 183,15-25)

*

Wehe! Ewig undurchsichtig
Sind die ewigen Gesetze
Der menschlichen Wirtschaft!
Ohne Warnung
Öffnet sich der Vulkan und verwüstet die Gegend!
Ohne Einladung
Erhebt sich aus den wüsten Meeren das einträgliche Eiland!
Niemand benachrichtigt, niemand im Bilde! Aber den letzten
Beißen die Hunde.

(Die heilige Johanna der Schlachthöfe, 3 – 187,9-17)

*

Skudi wert ist nur, was Skudi bringt. Wenn Sie Geld haben wollen, müssen Sie etwas [...] vorzeigen. Sie können für das Wissen, das Sie verkaufen, nur so viel verlangen, als es dem, der es Ihnen abkauft, einbringt. (Leben des Galilei. 1938/39, 5 – 11,18-21)

*

Könnte man z.B. alle kaufen, mit einer Summe Geldes? Neun von zehn könnte man kaufen. Sieben von den Gekauften könnte man das Geschäft nachweisen. Zweien nicht. Wie ist es mit dem zehnten? Er wäre unkäuflich. Bei 100, denen man nicht erlauben dürfte, die Wahrheit zu schreiben, gäbe es, unserer Rechnung nach, zehn solche Unkäufliche. Könnte man allen das Schreiben unmöglich machen? Neun könnte man das Schreiben unmöglich machen.

(Schriften, 22 – 148,3-10)

*

Angetrieben von meinen Freunden, wahrscheinlich zum Entzücken meiner Feinde, wenn ich solche hätte, setze ich meine Sprachstudien fort und versuche, die Bedeutung des Wortes ›to sell‹ (verkaufen) zu verstehen. Wenn in einer Drogerie ein Mädchen jemandem ein belegtes Butterbrot verkauft, stellt sich das Wort gehorsam ein. [...]

Jedoch verkauft man hier jemanden auch eine Ansicht über Surrealismus, d.h. das Wort verkaufen bedeutet da, die Ansicht jemandem aufzureden. Es bedeutet eigentlich nur, in jemandem ein unwiderstehliches Bedürfnis nach etwas zu erzeugen, was man gerade wegzugeben hat. So könnte ein Mann gewisse Vorkommnisse seines Ehelebens in der Form beschreiben, daß er sagt: ich habe sie dazu gebracht, dies und das als Koitus abzunehmen, danach ein Bedürfnis zu empfinden usw. So sagt man auch, der Präsident habe die Aufgabe, dem Volk den Krieg zu verkaufen. Er hat es davon zu überzeugen, daß Krieg für es gut ist, ein Bedürfnis. (Schriften, 23 – 45,9-28)

*

Einmal möchte ich reich sein.
Groß und angesehn
Es muß ja nicht gleich sein
Auch ein Traum ist schön

(Gedichte, 13 – 365)

*

Und so kommt zum guten Ende
Alles unter einen Hut
Ist das nötige Geld vorhanden
Ist das Ende meistens gut.

(Dreigroschenroman, 16 – 346,3-6)

*

Siehst Du jetzt, was du brauchst? Geld brauchst Du, Mensch!
Zuerst ist Geld nötig. Geld ist nötig! Geld!

(Die Spitzköpfe und die Rundköpfe, 4 – 64,24f.)

11
Über das Theater

Herr K. sah eine Schauspielerin vorbeigehen und sagte: »Sie ist schön.« Sein Begleiter sagte: »Sie hat neulich Erfolg gehabt, weil sie schön ist.« Herr K. ärgerte sich und sagte: »Sie ist schön, weil sie Erfolg gehabt hat.«

(Geschichten vom Herrn Keuner, 18 – 24,32-35)

*

Obgleich ich weiß, daß es in Anbetracht meines »Berufs« sehr widersinnig ist, so gestehe ich doch offen, daß meine Liebhaberei darin besteht, das Theater zu besuchen. Im Theater wiederum ist es meine Lieblingsbeschäftigung, *an unpassenden Stellen zu lachen.* Diese vielleicht krankhafte Neigung entspricht einem metaphysischen Bedürfnis, sich selbst mitunter als *intelligenter Mensch* vorzukommen. Dieses Bedürfnis ist natürlich nichts, was einen Menschen ganz auszufüllen vermag, und es darf nur ganz selten befriedigt werden; denn es ist sehr kostspielig. Das Lachen an unpassenden Stellen ist natürlich kein Verdienst, sowenig wie etwa das Briefmarkensammeln. Es wird sogar oft sehr ungünstig beurteilt, da man es lieber sieht, wenn jemand ein fremdes Nest beschmutzt als sein eigenes.

(Schriften, 21 – 155,33-156,6)

*

30.1.41
Der gute Mensch von Sezuan ist das sechste Stück, das zunächst nicht wird aufgeführt werden können *(Die heilige Johanna der Schlachthöfe. Furcht und Elend des Dritten Reiches. Leben des Physikers Galilei. Mutter Courage und ihre Kinder. Herr Puntila und sein Knecht Matti.)* Ebenfalls sechs Stücke sind es, die aufgeführt sind, wenn ich von *Trommeln in der Nacht* und *Im Dickicht der Städte* absehe, die mir fremd geworden sind *(Baal. Leben Edwards II. von England. Mann ist Mann. Dreigroschenoper. Rundköpfe und Spitzköpfe. Die Mutter.)*

(Journale, 26 – 462,21-31)

*

Es ist unmöglich, ohne die Bühne ein Stück fertig zu machen. (Journale, 26 – 395, 20f.)

*

Das Theater bleibt Theater, auch wenn es Lehrtheater ist, und soweit es gutes Theater ist, ist es amüsant.

(Schriften, 22 – 112,9f.)

*

Es ist nämlich eine Eigentümlichkeit der theatralischen Mittel, daß sie Erkenntnisse und Impulse in Form von Genüssen vermitteln; die Tiefe der Erkenntnis und des Impulses entspricht der Tiefe des Genusses. (Schriften, 24 – 380,19-23)

*

Denkt euch, ihr spielt ein Spiel, in dem keiner die Maske kennt, die er aufhat. Wie soll er nun erkennen, wen er darstellt? Nur aus dem Verhalten der andern erkennt er, wer er ist. Zunächst passen seine Bewegungen zu ihm, aber nicht zu der Maske. Er selber aber ist nicht. Bald seht ihr seine Bewegungen so werden, daß sie zu der Maske passen. So entsteht er.

(Aus nichts wird nichts, 10 – 716,27-33)

*

Das Theater muß auf den Untergang der Kirche mit aller List hinarbeiten. Denn mit dem Untergang der Kirche werden die fähigsten, prädestiniertesten, geübtesten Kräfte für das Theater frei, die Gott erfunden hat: die Priester. (Schriften, 21 – 67,21-24)

*

Es wird auch geraucht in diesen Theatern. Im Zuschauerraum wird Tabak verkauft. Auf der Bühne sitzen also Snobs mit Pfeifen und betrachten träumerisch, wie der Schauspieler den Tod des Macbeth darstellt. (Schriften, 22 – 737,16-19)

*

Widerrufen wir also, wohl zum allgemeinen Bedauern, unsere Absicht, aus dem Reich des Wohlgefälligen zu emigrieren, und bekunden wir, zu noch allgemeinerem Bedauern, nunmehr die Absicht, uns in diesem Reich niederzulassen. Behandeln wir das Theater als eine Stätte der Unterhaltung, wie es sich in einer Ästhetik gehört, und untersuchen wir, welche Art der Unterhaltung uns zusagt!

(Kleines Organon für das Theater, 23 – 66,22-28)

*

Der Philosoph wünscht das Theater rücksichtslos für seine Zwecke zu verwenden. Es soll getreue Abbilder

der Vorgänge unter den Menschen liefern und eine Stellungnahme des Publikums ermöglichen.

(Der Messingkauf, 22 – 696,11-14)

*

Das Publikum gewährt keine Kontrolle. Es ist, soziologisch gesehen, völlig amorph, ästhetisch aber erstaunlich einhellig. (Schriften, 21 – 183,3f.)

*

Ich glaube nicht an die Trennbarkeit von Kunst und Belehrung. Die Freude an neuen Erfahrungen und neuen Kenntnissen, besonders Kenntnissen über das menschliche Zusammenleben, ist eine Hauptquelle des Kunstmachens und des Kunstgenießens. Eine Kunst, die den Erfahrungen ihres Publikums nichts hinzufügt, die sie entläßt, wie sie kamen, die nichts will, als rohen Instinkten zu schmeicheln und unreife oder überreife Meinungen zu bestätigen, taugt nichts. Die sogenannte reine Unterhaltung ergibt nur Katzenjammer. Aber genausowenig taugt eine Kunst, die mit ihrem Publikum nichts vorhat, als es zu erziehen, und glaubt, sich dazu kasteien, d.h. sich alle ihrer vielfachen Mittel entäußern zu müssen. Sie wird das Publikum nicht erziehen, sondern nur langweilen. Das Publikum hat Anspruch auf Unterhaltung. (Schriften, 23 – 222,19-32)

*

Das Theater darf das Häßliche im Leben, das es nicht verbergen darf, nicht in häßlicher Weise darstellen; es darf bei der Darstellung des Gemeinen nicht selbst gemein werden. So hat es viele Kunstmittel entwikkelt, das Böse und Niedrige so darzustellen, daß das gute und hohe Ziel immer im Auge des Zuschauers bleibt, nämlich: durch die Aufdeckung des gesellschaftlich Minderwertigen und Schädlichen in der Gesellschaft, vertreten durch die Zuschauer, die Kräfte der Abwehr zu stärken.

(Schriften, 24 – 430,23-31)

*

Ein Schauspieler, der eine Figur in ihrer Entwicklung durch mehrere Jahre oder gar Jahrzehnte bis zu ihrem Tod darzustellen hat, wird eine erschütternde Wirkung nur dann erzielen, wenn bei dem Anblick der Greisenhaftigkeit das Jugendbild noch deutlich in Erinnerung ist. Mit anderen Worten: Das Bild des allmählichen Verfalls eines Menschen macht dem Zuschauer größeren Eindruck, wenn dieser weiß, was zerstört wurde. (Schriften, 24 – 398,26-32)

*

Seine Schauspieler waren keine Kellner, die das Fleisch zu servieren hatten und deren persönliche, private Gefühle unverschämte Belästigungen genannt wurden. (Der Messingkauf, 22 – 739,9-12)

*

Die Große Pädagogik verändert die Rolle des Spielens vollständig. Sie hebt das System Spieler und Zuschauer auf. Sie kennt nur mehr Spieler, die zugleich Studierende sind. [. . .] Der Zuschauer muß Partei ergreifen, statt sich zu identifizieren.

(Aus nichts wird nichts, 10 – 691, 31-33 u. 692, 12-13)

*

Die Schauspielkunst kann nur als eine elementare menschliche Äußerung betrachtet werden, die ihren Zweck in sich hat. Sie ist da anders als die Kriegskunst, die ihren Zweck nicht in sich hat. Die Schauspielkunst gehört zu den elementaren gesellschaftlichen Kräften, sie beruht auf einem unmittelbaren gesellschaftlichen Vermögen, einer Lust der Menschen in Gesellschaft, sie ist wie die Sprache selber, sie ist eine Sprache für sich.

(Der Messingkauf, 22 – 754,13-20)

*

Die Ethnographie der Bühne ist relativ einfach: Auf dem Theater kennt man einen Chinesen daran, daß er gelb geschminkt [ist]. (Schriften, 21 – 326,6f.)

*

Bei der Darstellung der Greise, der Schurken und der Wahrheitsager muß man nicht mit verstellter Stimme sprechen. [. . .] Die meisten Figuren auf der deutschen Bühne sind nicht aus dem Leben gegriffen, sondern aus dem Theater. Da ist der Theatergreis, der murmelt und tattert, der Theaterjüngling, der Feuer hat oder kindlich strahlt, die Theaterkokotte, die verschleierter Stimme spricht und die Hüften wiegt, der Theaterbiedermann, der poltert usw.

(Schriften, 23 – 185,9-24)

*

Der Vorgang, daß sich einige Menschen die Gesichter mit Schminke bestreichen, wochenlang einstudierte Bewegungen vollführen und auswendig gelernte Sätze anderer Menschen herunterreden, alles vor schweigend dasitzenden Zuschauern und das stundenlang und jeden Abend von neuem, muß zunächst von denen, die so handeln, als befremdlich erkannt werden. (Der Messingkauf, 22 – 789,23-28)

*

Was ist Verfremdung? Einen Vorgang oder einen Charakter verfremden heißt zunächst einfach, dem Vorgang oder dem Charakter das Selbstverständliche, Bekannte, Einleuchtende zu nehmen und über ihn Staunen und Neugierde zu erzeugen. Nehmen wir den Zorn des Lear über die Undankbarkeit seiner Töchter. Vermittels der Einfühlungstechnik kann der Schauspieler diesen Zorn so darstellen, daß der Zuschauer ihn für die natürlichste Sache der Welt ansieht, daß er sich gar nicht vorstellen kann, wie Lear nicht zornig werden könnte, daß er mit Lear völlig solidarisch ist, ganz und gar mit ihm mitfühlt, selber in Zorn verfällt. Vermittels der Verfremdungstechnik hingegen stellt der Schauspieler diesen Learschen Zorn so dar, daß der Zuschauer über ihn staunen kann, daß er sich noch andere Reaktionen des Lear vorstellen kann als gerade die des Zornes. Die Haltung des Lear wird verfremdet, d.h. sie wird als eigentümlich, auffallend, bemerkenswert dargestellt, als gesellschaftliches Phänomen, das nicht selbstverständlich ist. Dieser Zorn ist menschlich, aber nicht allgemein menschlich, es gibt Menschen, die ihn nicht empfänden. Nicht bei allen Menschen und nicht zu allen Zeiten müssen die Erfahrungen, die Lear macht, Zorn auslösen. Zorn mag eine ewig mögliche Reaktion der Menschen sein, aber dieser Zorn, der Zorn, der sich so äußert und eine solche Ursache hat, ist zeitgebunden. Verfremden heißt also Historisieren, heißt Vorgänge und Personen als historisch, also als vergänglich darstellen. [...] Was ist damit gewonnen? Damit ist gewonnen, daß der Zuschauer die Menschen auf der Bühne nicht mehr als ganz unänderbare, unbeeinflußbare, ihrem Schicksal hilflos ausgelieferte dargestellt sieht. Er sieht: dieser Mensch ist so und so, weil die Verhältnisse so und so sind. Und die Verhältnisse sind so und so, weil der Mensch so und so ist. Er ist aber nicht nur so vorstellbar, wie er ist, sondern auch anders, so wie er sein könnte, und auch die Verhältnisse sind anders vorstellbar, als sie sind. Damit ist gewonnen, daß der Zuschauer im Theater eine neue Haltung bekommt. Er bekommt den Abbildern der Menschwelt auf der Bühne gegenüber jetzt dieselbe Haltung, die er, als Mensch dieses Jahrhunderts, der Natur gegenüber hat. Er wird auch im Theater empfangen als der große Änderer, der in die Naturprozesse und die gesellschaftlichen Prozesse einzugreifen vermag, der die Welt nicht mehr nur hinnimmt, sondern sie meistert. Das Theater versucht nicht mehr, ihn besoffen zu machen, ihn mit Illusionen auszustatten, ihn die Welt vergessen zu machen, ihn mit seinem Schicksal auszusöhnen. Das Theater legt ihm nunmehr die Welt vor zum Zugriff. (Schriften, 22 – 554,15-555,21)

*

Ich kann nicht den Metzger *und* das Schaf darstellen.

(Der Messingkauf, 22 – 828,15f.)

*

Du kannst nicht den Metzger und das Schaf zugleich darstellen, aber doch den Metzger des Schafes...

(Der Messingkauf, 22 – 828,18 f.)

*

Das Ausbleiben des Beifalls bringt die Schauspieler schneller von einem schlechten Vorschlag ab, als es lange Argumente vermöchten.

(Schriften, 23 – 165,32-34)

*

Es gilt zwei Künste zu entwickeln: die Schauspielkunst und die Zuschaukunst. (Schriften, 23 – 191,3f.)

*

Gewisse Dinge scheinen von der Bühne aus erst in einem gewissen Alter auf das Rückenmark zu wirken. (Schriften, 21 – 240,2f.)

*

Ein Theater, in dem man nicht lachen soll, ist ein Theater, über das man lachen soll. Humorlose Leute sind lächerlich. (Der Messingkauf, 22 – 808,20f.)

*

Wenn man ins Theater geht wie in die Kirche oder in den Gerichtssaal, oder in die Schule, das ist schon falsch. Man muß ins Theater gehen wie zu einem Sportsfest. Es handelt sich hier nicht um Ringkämpfe mit dem Bizeps. Es sind feinere Raufereien. Sie gehen mit Worten vor sich. Es sind immer mindestens zwei Leute auf der Bühne, und es handelt sich meistens um einen Kampf. Man muß genau zusehen, wer gewinnt. [...] Man sieht in die Leute hinein, man muß nur scharf zugucken, es ist wie bei Ringkämpfen: die kleinen Tricks sind das Interessante. Das hat das Kino nicht, das mehr für die Dummen ist, die das Innere und Schwierigere nicht begreifen. Darum müssen die Klügeren und Feineren in das Theater gehen, aber sie müssen es, wie gesagt, mehr nach der sportlichen Seite hin betrachten. (Schriften, 21 – 57,1-58,6)

*

Je weiter sich der Boxsport vom K.o. entfernt, desto weniger hat er mit wirklichem Sport zu tun. Ein Boxer, der seinen Gegner nicht niederschlagen kann, hat ihn natürlich nicht besiegt. Sehen Sie sich zwei Männer an einer Straßenecke oder in einem Lokal einen Kampf liefern. Wie stellen Sie sich hierbei einen Punktsieg vor? Die Haupt-Todfeinde des natürlichen naiven und volkstümlichen Boxsportes sind jene Gelehrten, die an den Seilen sitzen und in ihre Hüte hinein Punkte sammeln. (Schriften, 21 – 225,8-16)

*

Wie trostlos muß die Versumpfung einer Großstadt sein, wenn das einzige Theater, das nur im Winter spielt, immer halb leer bleibt. (Schriften, 21 – 75,1-3)

*

Es gibt kein Großstadttheater. Alle Aufführungen haben den Charakter von Provinztheateraufführungen. [...] Ich behaupte sogar, daß ein einziger Mann mit einer Zigarre im Parkett einer Shakespeare-Aufführung den Untergang der abendländischen Kunst herbeiführen könnte. Er könnte ebenso eine Bombe als seine Zigarre in Brand setzen. Ich würde gern sehen, wenn das Publikum bei unseren Aufführungen rauchen dürfte. Und ich möchte es hauptsächlich der Schauspieler wegen. Es ist dem Schauspieler nach meiner Meinung gänzlich unmöglich, dem rauchenden Mann im Parkett ein unnatürliches, krampfhaftes und veraltetes Theater vorzumachen.

(Schriften, 21 – 134,11-135,4)

*

Damit die dramatische Kunst auf Sie voll wirken kann, werden Sie aufgefordert, tüchtig zu rauchen. Die Bühnenkünstler sind die besten der Welt, die Getränke vollprozentig, die Stühle bequem, Wetten auf den Ausgang der Handlung werden an den Bartischen angenommen, die Aktschlüsse mit Vorhang finden statt, wenn das Publikum wettet. Man bittet, auch hier nicht auf den Klavierspieler zu schießen, er tut sein Bestes. Wer die Handlung nicht gleich begreift, braucht sich nicht den Kopf zu zerbrechen, sie ist unverständlich. Wenn Sie nur etwas sehen wollen, was einen Sinn hat, müssen Sie auf das Pissoir gehen.

(Mann ist Mann, 2 – 158, 11-21)

*

Selbst in den Panoramen der Jahrmarktsschaubuden und in den Volksballaden lieben die einfachen Leute, die so wenig einfach sind, die Geschichten vom Aufstieg und Sturz der Großen, vom ewigen Wechsel, von der List der Unterdrückten, von den Möglichkeiten der Menschen. Und sie suchen die Wahrheit, das, »was dahinter ist«. (Schriften, 23 – 402,30-35)

*

Wenn wir vor den Unteren bestehen wollen
Dürfen wir freilich nicht volkstümlich schreiben.
Das Volk
Ist nicht tümlich. (Gedichte, 14 – 418)

*

Die Verderbtheit unseres Theaterpublikums rührt daher, daß weder Theater noch Publikum eine Vorstellung davon haben, was hier vor sich gehen soll. In den Sportpalästen wissen die Leute, wenn sie ihre Billette einkaufen, genau, was sich begeben wird; und genau das begibt sich dann, wenn sie auf ihren Plätzen sitzen: nämlich, daß trainierte Leute mit feinstem Verantwortungsgefühl, aber doch so, daß man glauben muß, sie machten es hauptsächlich zu ihrem eigenen Spaß, in der ihnen angenehmsten Weise ihre besonderen Kräfte entfalten. [...] Es ist nicht einzusehen, warum das Theater nicht auch seinen »guten Sport« haben sollte. Wenn man die für Theaterzwekke gebauten Häuser, die ja nun einmal stehen und Zinsen fressen, nur einfach als mehr oder minder leerstehende Räume ansehen würde, in denen man »guten Sport« machen kann, würde man zweifellos auch aus ihnen etwas herausholen können. [...] In den ganzen gut heizbaren, hübsch beleuchteten, eine Menge Geld verschlingenden, imposant aussehenden Häusern und in dem ganzen Zeug, das drinnen angestellt wird, ist nicht mehr für fünf Pfennige *Spaß*.

Kein Theater heute könnte einige Leute, die im Geruch stehen, Spaß darin zu finden, Stücke anzufertigen, einladen, eine seiner Vorstellungen anzusehen in der Erwartung, daß diese Leute dann ein Verlangen spürten, für dieses Theater ein Stück zu schreiben. Sie sehen gleich: es ist hier auf keine Weise *Spaß* herauszuholen. Es geht hier kein Wind, in kein Segel. Es gibt hier keinen »guten Sport«. (Schriften, 21 – 120,3-121,23)

*

Es ist eine üble Gewohnheit unserer bürgerlichen Bühnen, die Gegensätze zu verwischen und die Sprünge, in denen sich Entwicklungen vollziehen, in unbedeutende Schrittchen zu verwandeln.

(Schriften, 24 – 453,5-9)

*

Was die klassischen Stücke am Leben erhält, ist der Gebrauch, der von ihnen gemacht wird, selbst wenn es Mißbrauch ist. In den Schulstuben wird ihnen die Moral ausgequetscht; auf den Theatern geben sie die Vehikel ab für eigensüchtige Schauspieler, ehrsüchtige Hofmarschälle, gewinnsüchtige Verkäufer von Abendunterhaltung. Sie werden geplündert und kastriert: also existieren sie noch. Selbst wo sie »nur geehrt« werden, geschieht es in einer belebenden Weise; denn es kann keiner etwas ehren, ohne einen gerüttelten Teil der Ehrung für sich selber zurückzubehalten. Kurz, das Verkommen bekommt den klassischen Stücken, da nur lebt, was belebt.

(Schriften, 22 – 691,16-26)

*

Ein Mann, der das Augsburger Stadttheater als zu melkende Kuh gepachtet hat, versteht heute, nach vielen Jahren, von Literatur anscheinend soviel wie ein Lokomotivführer von Geographie.

(Schriften, 21 – 76,3-6)

*

Unsere Klassiker haben ihre Werke nicht dazu geschrieben, daß der Betrieb des Augsburger Stadttheaters fortgeführt werden kann. (Schriften, 21 – 86,8-10)

*

Der lebendigen Aufführungen unserer klassischen Werke steht viel im Wege. Das Schlimmste ist die Denk- und Fühlfaulheit der Routiniers. Es gibt eine Tradition der Aufführung, die gedankenlos zum kulturellen Erbe gezählt wird, obwohl sie das Werk, das eigentliche Erbe, nur schädigt; das ist eigentlich eine Tradition der Schädigung der klassischen Werke. Es fällt sozusagen durch Vernachlässigung mehr und mehr Staub auf die großen alten Bilder, und die Kopisten kopieren mehr oder minder fleißig diese Staubflecken mit. (Schriften, 23 – 316,22-30)

*

Es muß zugestanden werden, daß die Versuche des deutschen Theaters hauptsächlich gerade gegen die Rauschfunktion der Kunst gerichtet waren. Es handelte sich keineswegs nur darum, »starkes«, »lebensnahes«, »packendes« Theater zu machen, sondern weit eher, solche Abbildungen der Wirklichkeit zu geben, daß die abgebildete Wirklichkeit »meisterbar« wurde. Erregung, ohne die man sich Theater heute nicht vorstellen kann, trat auch dabei ein; sie glich jedoch mehr der Erregung von Leuten, die Öl finden (oder einen wahrhaft nützlichen Menschen), als der von Kindern, die auf dem Karussell fahren.

(Schriften, 23 – 18,25-34)

*

Das Theater dieses Kontinents wird gemacht am Broadway. Vier oder fünf Häuserblocks im unteren Teil von New York, einem sehr alten Teil, wo keine Turmhäuser stehen, enthalten ein paar Dutzend Theater, baufällige, dürftig beleuchtete Baracken mit Plüsch und Stuck. Ganze Ränge sind von der Baupolizei gesperrt, und nach den Vorstellungen wird das feine Publikum von den Ratten abgelöst. Die Bühnen sind winzig, und der technische Apparat stammt aus den letzten Jahren des vorigen Jahrhunderts (Projektionen sind unmöglich). Wenn ein »producer« ein Stück zu haben glaubt, mietet er das Theater und bringt ein paar Scheinwerfer mit. Jedoch findet er eine Belegschaft vor, die wie das Samtgestühl und die Toiletten dazugehört, Beleuchter, Bühnenarbeiter und Musiker. Diese Belegschaft ist in einer mittelalterlichen Gilde organisiert, die wunderliche Regeln ausgearbeitet hat, nach denen der Vorhangzieher nichts tun darf als den Vorhang auf- und zuzuziehen, und zwar nur einen einzigen. Will man mehr als eine Glühbirne zu den Proben, müssen alle Beleuchter für den Tag bezahlt werden, und benützt man eine Grammophonplatte, muß das Theater ebenso viele Musiker engagieren als auf der

Platte spielen; sie sitzen während der Vorstellungen, vielleicht ein paar Jahre lang, im Keller und spielen Karten. Für jede Aufführung wird die gesamte Ausstattung neu eingekauft, jeder einzelne Küchenstuhl und jede Telefonattrappe; nach der letzten Vorstellung wird alles weggeworfen. Das Geld wird auf das Stück gesammelt, die Geldgeber heißen »Engel«. Manchmal sind es Hunderte; solche Anteile werden gekauft wie Lotterielose, und sie sind so gut wie die. Die Spekulation betrifft die Filmrechte, die Hunderttausende einbringen können. Viele Stücke allerdings gehen nur eine Woche und haben Vermögen gekostet; Eintagselefanten.

(Schriften, 23 – 51,36-52,27)

*

Der schnelle Verfall der Kunstmittel unter dem Naziregime ging anscheinend nahezu unmerklich vor sich. Daß die Beschädigung an den Theatergebäuden so viel sichtbarer war als die an der Spielwiese, hängt wohl damit zusammen, daß die erstere beim Zusammenbruch des Nazigregimes, die letztere aber bei seinem Aufbau erfolgte. So wird tatsächlich noch heute von der »glänzenden Technik« der Göringtheater gesprochen, als wäre solch eine Technik übernehmbar, gleichgültig, auf was da ihr Glanz nun gefallen war. Als ob Technik, die der Verhüllung der gesellschaftlichen Kausalität dient, zu ihrer Aufdeckung verwendet werden könnte!

(Schriften, 23 – 150,39-151,10)

*

Wir zeigen [auf der Bühne] Banken, Kliniken, Ölfelder, Kriegsschauplätze, Slums, Milliardärvillen, Getreidefelder, Börsen, den Vatikan, Lauben, Schlösser, Fabriken, Konferenzzimmer, kurz, die ganze Wirklichkeit, die es gibt. Es werden bei uns Morde begangen, Kontrakte abgeschlossen, Ehebrüche vollzogen, Heldentaten verrichtet, Kriege beschlossen, es wird gestorben, gezeugt, gekauft, gelästert, geschoben. Kurz, es wird das Zusammenleben der Menschen von allen Richtungen aus vorgeführt. Wir greifen nach jeder starken Wirkung, wir scheuen vor keiner Neuerung zurück, alle ästhetischen Gesetze sind längst über Bord geworfen. Die Stücke haben bald fünf Akte, bald fünfzig, mitunter sind auf einer Bühne gleichzeitig fünf Schauplätze aufgebaut, das Ende ist glücklich oder unglücklich, wir hatten Stücke, wo das Publikum das Ende wählen konnte. Außerdem spielen wir einen Abend stilisiert, den andern ganz natürlich. Unsere Schauspieler sprechen Jamben so geschickt wie den Jargon der Gosse. Die Operetten sind häufig tragisch, die Tragödien enthalten Songs. Den einen Abend steht auf der Bühne ein Haus, das in jeder Kleinigkeit, bis auf die letzte Ofenröhre, einem echten Haus nachgebildet ist, am nächsten deuten ein paar bunte Balken eine Weizenbörse an. Über unsere Clowns werden Tränen vergossen, vor unsern Tragöden hält man sich den Bauch. Kurz, bei uns ist alles möglich, ich möchte sagen: leider.

(Der Messingkauf, 22 – 774,35-775,20)

*

Der Gesamtgestus eines Stückes ist nur in vager Weise bestimmbar, und man kann nicht die Fragen angeben, die gestellt werden müssen, ihn zu bestimmen. Da ist immerhin die Haltung des Stückschreibers zum Publikum. Belehrt er? Treibt er an? Provoziert er? Warnt er? Will er objektiv sein? Subjektiv? Soll das Publikum zu einer guten oder schlechten Laune überredet werden, oder soll es nur daran teilnehmen? Wendet er sich an die Instinkte? An den Verstand? An beides? Usw. usw. Dann hat man die Haltung einer Epoche, der des Stückschreibers und derjenigen, in die das Stück verlegt ist. Tritt z.B. der Stückschreiber repräsentativ auf? Tun es die Figuren des Stücks? Dann gibt es den Abstand zu den Vorgängen. Ist das Stück ein Zeitgemälde oder ein Interieur? Dann gibt es, bei diesem Abstand oder jenem, den Stücktypus. Handelt es sich um ein Gleichnis, das etwas beweisen soll? Um die Beschreibung von Vorgängen ungeordneter Art? – Dies sind Fragen, die gestellt werden müssen, aber es müssen noch mehr Fragen gestellt werden.

(Schriften, 23 – 188,29-189,7)

*

Als ich *Das Kapital* von Marx las, verstand ich meine Stücke. Man wird verstehen, daß ich eine ausgiebige Verbreitung dieses Buches wünsche. Ich entdeckte natürlich nicht, daß ich einen ganzen Haufen marxistischer Stücke geschrieben hatte, ohne eine Ahnung zu haben. Aber dieser Marx war der einzige Zuschauer für meine Stücke, den ich je gesehen hatte.

Denn einen Mann mit solchen Interessen mußten gerade diese Stücke interessieren.

(Schriften, 21 – 256,31-39)

*

Das Theater gefällt mir.
Ich habe an das Theater mein Stück *Baal* gegeben, und es hat Kontrakt gemacht. Ich mußte bis ... aufgeführt sein. Aber ich wurde nicht aufgeführt. Ich weiß, daß passierte schon vielen Leuten. [...]
Ich bin finanziell darauf angewiesen, daß ich aufgeführt werde. Schämt euch! Sie alle sind finanziell auf irgendwas angewiesen. Sie handeln in Ihrem Interesse, wenn Sie dafür sorgen, daß Verträge eingehalten werden. Ich bitte Sie nachdrücklich, für Ihr Interesse zu handeln. (Schriften, 21 – 52,19-36)

*

Ich bin ein Raubtier und benehme mich auf dem Theater wie im Dschungel. Ich muß etwas kaputtmachen, ich bin nicht gewohnt, Pflanzen zu fressen.

(Schriften, 21 – 53,10-12)

*

Einige Theater strichen in der *Dreigroschenoper* eine der zwei Verhaftungen des Räubers Macheath, da sie beide erfolgen konnten, weil er zweimal, anstatt zu fliehen, ins Bordell ging. Man ließ ihn zu Fall kommen, weil er ins Bordell ging, anstatt, weil er zu oft ins Bordell ging; weil er nachlässig war, anstatt, weil er zu nachlässig war. (Schriften, 23 – 403,29-34)

*

Es ist höchste Zeit, daß wir auch auf dem Theater zu einer Arbeitsweise kommen, die unserem Zeitalter entspricht, einer kollektiven, alle Erfahrungen sammelnden Arbeitsweise. (Schriften, 25 – 389,18-20)

*

Die brauchbaren Dramen dieser Zeit kommen, wie ich zu sehen glaube, aus dem Erstaunen ihrer Schreiber über die Vorgänge des Lebens.

(Schriften, 21 – 113,2f.)

*

Wenn die Kinos weiterhin solche Schweinereien wie eben jetzt spielen dürfen, dann geht bald kein Mensch mehr in die Theater rein. [. . .] Die jungen Mädchen, die im Kino sitzen, meistens den jungen Mann neben sich, der das Billett bezahlt hat, werden darüber aufgeklärt, daß jedes Sträuben einer einmal Gefallenen weiter nach unten führt und jeder noch so verzweifelte Kampf, wieder nach oben zu kommen, nutzlos ist und nur noch tiefer ins Elend hineinführt.

(Schriften, 21 – 40,36-41,22)

*

Das Volksstück ist für gewöhnlich krudes und anspruchsloses Theater, und die gelehrte Ästhetik schweigt es tot behandelt es herablassend.[. . .] Es gibt derbe Späße gemischt mit Rührseligkeiten, das ist hanebüchene Moral und billige Sexualität. Die Bösen werden bestraft und die Guten werden geheiratet, die Fleißigen machen eine Erbschaft und die Faulen haben das Nachsehen. (Schriften, 24 – 293,7-15)

*

Das moderne Theater muß nicht danach beurteilt werden, wie weit es die Gewohnheiten des Publikums befriedigt, sondern danach, wie weit es sie verändert.

(Schriften, 23 – 39,23-25)

*

Meine These ist, daß das Theater desto interessanter wird, je mehr Interessen von je mehr Menschen es befriedigen kann. Das ist sicher nicht jedermanns These. Für manche ist das interessanteste Theater das Theater, das ganz wenige Interessen ganz weniger Menschen befriedigt. (Schriften, 23 – 307,12-16)

*

Wir stehen selbst enttäuscht und sehn betroffen
Den Vorhang zu und alle Fragen offen.

(Der gute Mensch von Sezuan, 6 – 278,27f.)

12
Kunst, Literatur und Film

Das untrüglichste Zeichen, daß etwas nicht Kunst ist oder jemand Kunst nicht versteht, ist Langeweile. Sie ist so heftig wie andernfalls das Vergnügen. Die Kunst sollte ein Mittel der Erziehung sein, aber ihr Zweck ist das Vergnügen. (Journale, 27 – 341,6-9)

*

Die Kunst ist kein Schlaraffenland.

(Schriften, 22 – 173,11f.)

*

Der Dichter muß die Gedanken seiner Worte kennen *und* ihre Gefühle. (Schriften, 21 – 71,38-40)

*

Der Künstler hat nicht nur eine Verantwortung vor der Gesellschaft, er zieht die Gesellschaft zur Verantwortung. (Journale, 27 – 49,11-13)

*

Die Kunst des Schreibens ist die vulgärste und gewöhnlichste aller Künste. Sie ist zu offen, eindeutig und überprüfbar. Sie faßt selbst die fruchtbarsten Gedanken so, daß sie eo ipso platt werden und aussichtslos. Sowohl die Stellungnahme des Schreibers wie seine Bemühungen, jene auch dem Leser aufzudrängen, liegt offen am Tag. Es gibt kein Geheimnis, und wo es kein Geheimnis gibt, gibt es keine Wahrheit. (Journale, 26 – 214,9-15)

*

Fast immer, wenn einige Männer beisammensitzen, entsteht, durch Alkohol und Tabak übrigens sehr begünstigt, Literatur. (Schriften, 21 – 129,2-4)

*

Sollten wir nicht die Ästhetik liquidieren?

(Schriften, 21 – 202,26)

*

In der Kunst genießen die Menschen das Leben.

(Schriften, 23 – 385,23)

*

Alle Künste tragen bei zur größten aller Künste, der Lebenskunst. (Schriften, 23 – 290,25f.)

*

Es gibt große Kunst und kleine Kunst, nützliche und schädliche Kunst, niedrige und hohe Kunst – aber nicht schöne und häßliche Kunst.

(Schriften, 23 – 386,2-4)

*

Um in die Schubfächer zu gehen, müssen die literarischen Werke tüchtig beschnitten werden. Ich sah einmal im Film Chaplin einen Koffer packen. Was am Schluß drüber hinaushing, Hosenbeine und Hemdzipfel, schnitt er einfach mit der Schere ab.

(Schriften, 22 – 448,29-33)

*

Die Künste, samt dem Lehrreichen an ihnen, gehören zu den Lustbarkeiten. (Schriften, 22 – 243,8-10)

*

Die Dichtung, in ihren didaktischen wie in ihren anderen Werken, vollbringt es, unsern Lebensgenuß zu erhöhen. Sie schärft die Sinne und verwandelt selbst den Schmerz in Genuß. (Journale, 27 – 211,10-13)

*

Wenn der Sinn für Literatur in einem Menschen sich erschöpft, ist er verloren. (Journale, 26 – 222,32f.)

*

Über die Literatur:
Onanieren passiert. Mit Pariser vögeln passiert.
Aber diese Leute onanieren mit Parisern.

(Journale, 26 – 145,18-20)

*

Die Sprache ist dazu da, um die Taten zu verurteilen. Dies ist ihre einzige Rolle. Aber sie füllt sie nicht einmal aus. (Journale, 26 – 116,32f.)

*

Die alten Werke haben ihre eigenen Werte, ihre eigene Differenziertheit, ihre eigene Skala von Schönheiten und Wahrheiten. Sie gilt es zu entdecken.

(Schriften, 24 – 415,16-19)

*

Der wahre Respekt vor den klassischen Werken muß aber der Größe ihrer Ideen und der Schönheit ihrer Formen gelten, und er wird auf dem Theater dadurch gezollt, daß die Werke produktiv, phantasievoll und lebendig aufgeführt werden. Zwischen Würde und Humor besteht kein Gegensatz. In den großen Zeiten erschallte vom Olymp herab Gelächter.

(Schriften, 24 – 431,21-27)

*

Die gelungenen Werke soll man vergessen, aber nicht die mißlungenen. (Journale, 27 – 110,27f.)

*

Kriminalromane sind die einzige Gelegenheit, bei der ich gegen Literatur ausfällig werde. Kehren wir zu ihnen zurück. (Schriften, 21 – 130,17f.)

*

Habe wieder die Gewohnheit aufgenommen, mich am Morgen aus dem Fenster zu beugen; die Luft hier ist so kräftig. Und eine andere Gewohnheit habe ich beinahe abgelegt: Kriminalromane zu lesen vor dem Einschlafen. In der ganzen Zeit habe ich, glaube ich, kaum zwei oder drei beendet.

(Journale, 27 – 300,31-35)

*

Kein Kriminalromanschreiber wird die leisesten Skrupeln fühlen, wenn er seinen Mord im Bibliothekszimmer eines lordlichen Landsitzes vorgehen läßt, obwohl das höchst unoriginell ist. Die Charaktere werden selten gewechselt, und Motive für den Mord gibt es nur ganz wenige. Weder in die Kreierung neuer Charaktere, noch in die Aufstöberung neuer Motive für die Tat investiert der gute Kriminalromanschreiber viel Talent oder Nachdenken. Es kommt nicht darauf an. Wer, zur Kenntnis nehmend, daß ein Zehntel aller Morde in einem Pfarrhof passieren, ausruft: Immer dasselbe!, der hat den Kriminalroman nicht verstanden. Er könnte ebensogut im Theater schon beim Aufgehen des Vorhangs ausrufen: Immer dasselbe! Die Originalität liegt in anderem. Die Tatsache, daß ein Charakteristikum des Kriminalromans in der Variation mehr oder weniger festgelegter Elemente liegt, verleiht dem ganzen Genre sogar das ästhetische Niveau. Es ist eines der Merkmale eines kultivierten Literaturzweigs. Übrigens beruht das »Immer dasselbe« des Nichtkenners auf dem gleichen Irrtum wie das Urteil des weißen Mannes, daß alle Neger gleich aussehen. Es gibt eine Menge von Schemata für den Kriminalroman, wichtig ist nur, daß es Schemata sind. [...] Es ist erstaunlich, wie sehr das Grundschema des guten Kriminalromans an die Arbeitsweise unserer Physiker erinnert. Zuerst werden gewisse Fakten notiert. Da ist ein Leichnam. Die Uhr ist zerbrochen und zeigt auf zwei Uhr. Die Haushälterin hat eine gesunde Tante. Der Himmel war in dieser Nacht bewölkt. Usw. usw. Dann werden Arbeitshypothesen aufgestellt, welche die Fakten decken können. Durch den Hinzutritt neuer Fakten oder die Entwertung bereits notierter Fakten entsteht der Zwang, eine neue Arbeitshypothese zu suchen. Am End kommt der Test der Arbeitshypothese: das Experiment. Wenn die These richtig ist, dann muß der Mörder auf Grund einer bestimmten Maßnahme dann und dann da und da erscheinen. [...] Man sieht die Annäherung an den wissenschaftlichen Standpunkt und den enormen Abstand zum introspektiv psychologischen Roman. [...] Nehmen wir ein einfaches Beispiel, diesmal aus der Kriminalgeschichte, nicht aus dem Roman. Der Mord ist vermittels Leuchtgas vollführt worden. Es kommen zwei Leute als Täter in Betracht. Der eine hat ein Alibi für Mitternacht, der andere für morgens. Die Lösung wird aus dem Fakt gezogen, daß ein paar tote Fliegen am Fenstersims gefunden werden. Der Mord ist also gegen Morgen erfolgt: die Fliegen befanden sich am erhellten Fenster – auf solche Weise können Fragen in bezug auf unser so verwickeltes Leben wirklich *entschieden* werden. Die Identifizierung eines unbekannten Ermordeten geschieht ebenfalls durch genußvolle Schlußfolgerungen auf abgegrenztem Untersuchungsfeld. Es wird vermittels exakter Beobachtungen sein sozialer Standort ermittelt, außerdem sein geographischer. Die kleinen Dinge, die man an ihm findet, bekommen langsam ihre Biographie. Seine Zahnbrücke ist bei dem und dem Zahnarzt gebaut worden. Aber schon, bevor man das feststellt, weiß man, daß er, zumindest zur Zeit, wo er diese Brücke setzen ließ, sich in guten finanziellen Verhältnissen befunden haben muß: es ist eine teure Brücke. (Schriften, 22-504,24–508,10)

*

Bei diesem Boxerroman ist das Boxen nicht die Hauptsache, obwohl auch daraus ein paar spannende Druckseiten herauszuholen sind. Aber interessanter ist schon zu sehen, wie ein Mann durch Boxen Geld und Ruhm verdient, und wie er es macht, daß er dann den Ruhm noch einmal zu Geld macht. Und was die Zeitungen oder einzelne Leute darin treiben, wenn sie aus einem Mann einen Helden machen müssen. Mich interessiert zum Beispiel, wie der Manager aus seinem Mann einen anständigen Kampf herausholt, denn sein Mann ist sein Kapital, und wenn der Boxer schlecht boxt, dann werden für den Manager die Rumpsteaks rar. Und dasselbe geschieht sogar, wenn sein Mann heiratet, denn dann wird er schlecht boxen. Also verhindert zum Beispiel der Manager (aber wie?), daß sein Mann heiratet. Damit fängt übrigens der Roman an. (Das Renommee, 17 – 429,4-17)

*

Ich muß zugeben, daß ich die These, Körperkultur sei die Voraussetzung geistigen Schaffens, nicht für sehr glücklich halte. Es gibt wirklich, allen Turnlehrern zum Trotz, eine beachtliche Anzahl von Geistesprodukten, die von kränklichen oder zumindest körperlich stark verwahrlosten Leuten hervorgebracht wurden, von betrüblich anzusehenden menschlichen Wracks [. . .]. Ich halte sehr viel von Sport, aber wenn ein Mann, lediglich um seiner zumeist durch geistige Faulheit untergrabenen Gesundheit auf die Beine zu helfen, »Sport« treibt, so hat dies ebensowenig mit eigentlichem Sport zu tun, als es mit Kunst zu tun hat, wenn ein junger Mensch, um mit einem Privatschmerz fertig zu werden, ein Gedicht über treulose Mädchen verfaßt. (Schriften, 21 – 122,32-123,10)

*

Unsere Literatur ist überraschend standpunktlos.

(Schriften, 21 – 54,16)

*

Die Vorgänge in Auschwitz, im Warschauer Ghetto, in Buchenwald vertrügen zweifellos keine Beschreibung in literarischer Form. Die Literatur war nicht vorbereitet auf und hat keine Mittel entwickelt für solche Vorgänge. (Schriften, 23 – 101,26-29)

*

In meinem Lied ein Reim
Käme mir fast vor wie Übermut.

In mir streiten sich
Die Begeisterung für den blühenden Apfelbaum
Und das Entsetzen über die Reden des Anstreichers.
Aber nur das zweite
Drängt mich zum Schreibtisch. (Gedichte, 14 – 432)

*

Man wird nicht sagen: als da der Nußbaum sich im
Wind schüttelte
Sondern: als da der Anstreicher die Arbeiter
niedertrat
Man wird nicht sagen: als das Kind den flachen
Kiesel über die Stromschnelle springen ließ
Sondern: als da die großen Kriege vorbereitet
wurden.
Man wird nicht sagen: als da die Frau ins Zimmer
kam
Sondern: als da die großen Mächte sich gegen die
Arbeiter verbündeten.
Aber man wird nicht sagen: die Zeiten waren finster
Sondern: warum haben ihre Dichter geschwiegen?

(Gedichte, 14 – 364)

Leute, die weder etwas von der Wissenschaft verstehen noch von der Kunst, glauben, daß das zwei ungeheuer verschiedene Dinge sind, von denen sie da nichts verstehen. Sie meinen der Wissenschaft einen Dienst zu erweisen, wenn sie ihr erlauben, phantasielos zu sein, und die Kunst zu fördern, wenn sie jedermann davon abhalten, von ihr Klugheit zu verlangen. Die Menschen mögen in einem bestimmten Fach besondere Begabung besitzen, aber sie sind in ihm nicht um so begabter, je unbegabter sie in allen andern Fächern sind. Wissen gehört zur Menschlichkeit ebenso wie Kunst, wenn sie sich auch in unseren verrotteten Gemeinwesen lange und oft ohne beide behelfen mußte. Ganz ohne Wissen ist niemand, und so ist niemand ganz ohne Kunst.

(Der Messingkauf, 22 – 808,3-15)

*

Wir sahen eine Kunst, die sich ihre eigene Natur schuf, eine eigene Welt, eben die der Kunst, eine Welt, die mit der wirklichen Welt nur noch sehr wenig zu schaffen hatte und zu schaffen haben wollte, und wir sahen eine Kunst, die sich lediglich darin erschöpfte, die wirkliche Welt zu kopieren, und dabei ihre Phantasie nahezu völlig einbüßte. Wir brauchen eine Kunst, die die Natur meistert, wir brauchen die künstlerisch gestaltete Wirklichkeit und die natürliche Kunst. (Schriften, 24 – 296,1-8)

*

Der Dadaismus und der Surrealismus benutzen Verfremdungseffekte extremster Art. Ihre Gegenstände kehren aus der Verfremdung nicht wieder zurück.

(Schriften, 22 – 224,6-8)

*

Expressionismus bedeutet: Vergröberung.

(Schriften, 21 – 48,36)

*

Einer der schlimmsten Fehler der Dadaisten besteht darin, daß sie ihre Werke, die sich den Anschein geben, als entstünden sie unmittelbar und für die allerwirklichste Gegenwart, drucken lassen. Die Wirkung davon ist peinlich. (Schriften, 21 – 51, 19-22)

*

Kunst ist nichts Individuelles. Kunst ist, sowohl was ihre Entstehung als auch was ihre Wirkung betrifft, etwas Kollektivistisches. (Schriften, 23 – 387,14-17)

*

Die Frage unserer Mitmenschen nach Neuem ist eine trügerische Sache. Hier bittet das Radio um Stoff, die Oper möchte bei der Belieferung nicht vergessen werden, der Film brüllt um Berücksichtigung: höchstens Beweise, daß das Alte nicht mehr sättigt, nicht einmal mehr die alten Leute, die korrumpierten, durch Enttäuschungen verstimmten, künstlich an Unterernährung gewöhnten Gewohnheitsabnehmer. In Wirklichkeit liegt da ein ungeheurer Haufen von Produktionsmitteln, der Abnehmer organisiert, aber keine Lieferanten mehr hat. Diese Haufen darf man nicht beliefern, man darf, soll der Kunst noch eine Chance bleiben, nicht einmal mehr an sie denken. Ihre Frage nach etwas Neuem ist nicht zu beantworten, sie wollen nichts Neues, sondern lediglich das Alte von neuem. Sie führen mit ihren Bestellungen völlig irre, sie sind nicht die Künder neuer Appetite, sondern alter Übersättigung. (Schriften, 21 – 183,24-39)

*

Es ist nämlich mit Gedichten nicht immer so wie mit dem Gezwitscher eines Kanarienvogels, das hübsch klingt und damit fertig. Mit Gedichten muß man sich ein bißchen aufhalten und manchmal erst herausfinden, was schön daran ist. (Schriften, 23 – 213,35-38)

*

Alle großen Gedichte haben den Wert von Dokumenten. (Schriften, 21 – 191,37f.)

*

Der Laie hat für gewöhnlich, sofern er ein Liebhaber von Gedichten ist, einen lebhaften Widerwillen gegen das, was man das Zerpflücken von Gedichten nennt, ein Heranführen kalter Logik, Herausreißen von Wörtern und Bildern aus diesen zarten blütenhaften Gebilden. Demgegenüber muß gesagt werden, daß nicht einmal Blumen verwelken, wenn man in sie hineinsticht. Gedichte sind, wenn sie überhaupt lebensfähig sind, ganz besonders lebensfähig und können die eingreifendsten Operationen überstehen. Ein schlechter Vers zerstört ein Gedicht noch keineswegs ganz und gar, so wie ein guter es noch nicht rettet. Das Herausspüren schlechter Verse ist die Kehrseite einer Fähigkeit, ohne die von wirklicher Genußfähigkeit an Gedichten überhaupt nicht gesprochen werden kann, nämlich der Fähigkeit, gute Verse herauszuspüren. Ein Gedicht verschlingt manchmal sehr wenig Arbeit und verträgt manchmal sehr viel. Der Laie vergißt, wenn er Gedichte für unnahbar hält, daß der Lyriker zwar mit ihm jene leichten Stimmungen, die er haben kann, teilen mag, daß aber ihre Formulierung in einem Gedicht ein Arbeitsvorgang ist und das Gedicht eben etwas *zum Verweilen gebrachtes* Flüchtiges ist, also etwas verhältnismäßig Massives, Materielles. Wer das Gedicht für unnahbar hält, kommt ihm wirklich nicht nahe. In der Anwendung von Kriterien liegt ein Hauptteil des Genusses. Zerpflücke eine Rose, und jedes Blatt ist schön.

(Schriften, 22 – 453,34-454,18)

*

Gedichte werden bei der Übertragung in eine andere Sprache meist dadurch am stärksten beschädigt, daß man zuviel zu übertragen sucht. Man sollte sich vielleicht mit der Übertragung der Gedanken und der Haltung des Dichters begnügen. Was im Rhythmus des Originals ein Element der Haltung des Schreibenden ist, sollte man zu übertragen suchen, nicht mehr davon. Seine Haltung zur Sprache wird übertragen, auch wenn man, etwa wenn er bestimmte Wörter durch ihre Einreihung in Wortfolgen, wo sie sonst nicht gehört werden, neu faßt, nur eben dieses Tun nachahmt, sich die Gelegenheit dazu aber nicht vom Original vorschreiben läßt. (Schriften, 22 – 132,3-13)

*

Meiner Ansicht nach sollten Sie aus dem Radio eine wirklich demokratische Sache zu machen versuchen. [...] *Sie müssen mit den Apparaten an die wirklichen Ereignisse näher herankommen und sich nicht nur auf Reproduktion oder Referat beschränken lassen.* Sie müssen an wichtige *Reichstagssitzungen* und vor allem auch an große *Prozesse* herankommen. Da dies einen großen Fortschritt bedeuten würde, wird es sicherlich eine Reihe von Gesetzen geben, die dies zu verhindern versuchen. *Sie müssen sich an die Öffentlichkeit wenden, um diese Gesetze zu beseitigen.* Die Furcht der Abgeordneten, im ganzen Reiche gehört zu werden, darf, da sie sehr berechtigt ist, nicht unterschätzt werden, aber sie müssen sie ebenso besiegen wie die Furcht, die, wie ich glaube, verschiedene Gerichte äußern würden, ihre Entscheidungen vor dem gesamten Volke treffen zu müssen. Außerdem können Sie vor dem Mikrophon an Stelle toter Referate wirklich *Interviews* veranstalten, bei denen die Ausgefragten weniger Gelegenheit haben, sich sorgfältige Lügen auszudenken. (Schriften, 21 – 215,14-216,6)

*

Immer wieder staune ich über die Primitivität des Filmbaus. Diese »Technik« kommt mit einem erstaunlichen Minimum an Erfindung, Intelligenz, Humor und Interesse aus. Man klettert von Situation zu Situation und setzt beliebige Figuren ein. Es wird damit gerechnet, daß die Schauspieler nicht spielen und die Zuschauer nicht denken können.

(Journale, 27 – 121,34-39)

Rezept für Erfolg im Filmschreiben: Man muß so gut schreiben als man kann, und das muß eben schlecht genug sein. (Journale, 27 – 177,28f.)

*

Tonfilm: einer der blühenden Zweige des internationalen Rauschgifthandels. (Schriften, 22 – 164,18f.)

*

Irrtum, daß die »Langeweile« der Dörfer und kleinen Städte die Menschen in den Film jagte; sie brauchen ihn mehr in den großen und am meisten in den größten Städten. Der Hunger nach Erlebnisersatz ist am größten, wo die Kluft zwischen Arbeit und Erholung am tiefsten ist, der Widerspruch zwischen Anpeitschung und Abbremsung des Leistungszwangs sich verschärft. Man erträgt nicht die Atomisierung des Lebens und verlangt nach zusammenfassenden Handlungen; Handlungen anderer Menschen sind es, die unsere Ohnmacht bewirken, unsere Gegenwehr besteht darin, uns in diese Handlungen einzufühlen. (Schriften, 22 – 173,24-34)

*

... daß ich mir wie ein Mensch vorkomme, der, sagen wir, als Messinghändler zu einer Musikkapelle kommt und nicht etwa eine Trompete, sondern bloß Messing kaufen möchte. Die Trompete des Trompeters besteht aus Messing, aber er wird sie kaum als Messing verkaufen wollen, nach dem Wert des Messings, als soundso viele Pfund Messing.

(Der Messingkauf, 22 – 778,14-20)

*

Ein Mann, der etwas zu sagen hat und keine Zuhörer findet, ist schlimm daran. Noch schlimmer sind Zuhörer daran, die keinen finden, der ihnen etwas zu sagen hat. (Schriften, 21 – 218,38-40)

*

Man muß wissen, daß die Bildhauer lange Zeit ihre Aufgabe darin sahen, das »Wesentliche«, »Ewige«, »Endgültige«, kurz, »die Seele« ihrer Modelle zu gestalten. Ihre Vorstellung war die: jeder Mensch hat einen ganz bestimmten Charakter, den er mit auf die Welt bringt und den man beim Kind schon beobachten kann. Dieser Charakter kann sich entwickeln, das heißt er wird sozusagen immer bestimmter, je älter der Mensch wird, er kommt immer mehr heraus, der Mensch wird sozusagen immer deutlicher, je länger er lebt. Natürlich kann er auch undeutlicher werden, zu einem bestimmten Zeitpunkt, sei es in der Jugend, sei es in der Zeit der Reife, am allerdeutlichsten und stärksten ausgeprägt sein und sich dann wieder verwischen, verschwemmen, verflüchtigen. Es ist aber immer etwas ganz Bestimmtes, was sich da herausbildet, verstärkt oder verflüchtigt, eben die ganz besondere ewige, einmalige Seele dieses besonderen Menschen. Der Künstler muß nun diesen Grundzug, dieses entscheidende Merkmal des Individuums herausarbeiten, alle andern Züge diesem einen Zug unterordnen und den Widerspruch verschiedener Züge bei ein und demselben Menschen ausmerzen, so daß eine klare Harmonie entsteht, die der Kopf selber in Wirklichkeit nicht bieten mag, die aber das Kunstwerk, die künstlerische Abbildung bietet.

(Schriften, 22- 573,8-29)

*

Ich halte Barlach für einen der größten Bildhauer, die wir Deutschen gehabt haben. Der Wurf, die Bedeutung der Aussage, das handwerkliche Ingenium, Schönheit ohne Beschönigung, Größe ohne Gerecktheit, Harmonie ohne Glätte, Lebenskraft ohne Brutalität machen Barlachs Plastiken zu Meisterwerken. Gleichwohl gefällt mir nicht alles, was er geschaffen hat, und wenn von ihm viel zu lernen ist, so ist doch auch die Frage erlaubt: Was? Wann? Durch wen? [. . .] Daß der Engel des Güstrower Ehrenmals (Bronze 1927) mich überwältigt, ist nicht verwunderlich. Er hat das Gesicht der unvergeßlichen Käthe Kollwitz. Solche Engel gefallen mir. Und obwohl man weder einen Engel noch einen Mann je hat fliegen sehen, so ist doch das Fliegen glorios dargestellt.

(Schriften, 23 – 198,11-18 u. 199,26-30)

*

Mehr noch als bei den philosophischen Systemen wird es bei den Kunstwerken verborgen, wie sie gemacht werden. Die Hersteller tun viel, den Anschein zu erwecken, daß alles einfach stattfindet, sozusagen von sich selber, als bilde sich in einem reinen Spiegel, der untätig ist, ein Abbild. Es ist dies natürlich eine Täuschung, und man scheint zu vermuten, daß sie, geglückt, den Genuß des Beschauers steigert, aber dies ist nicht der Fall. Der Zuschauer, jedenfalls der bewanderte, genießt in der Kunst das Kunstmachen, das aktive Element des Schaffens. In der Kunst sehen wir die Natur selbst als eine Künstlerin an.

(Schriften, 23 – 9,30-39)

*

Die Musiker wissen wenig über die Wirkungen der Musik. Sie überlassen das Studium derselben im allgemeinen den Gastwirten. Eines der wenigen Forschungsergebnisse, die ich im Lauf eines Jahrzehntes zu Augen bekam, war die Notiz eines Pariser Restaurateurs über die verschiedenartigen Bestellungen, welche seine Gäste unter der Wirkung verschiedenartiger Musik vornahmen. Er glaubte herausgefunden zu haben, daß bei bestimmten Komponisten immer wieder ganz bestimmte Getränke konsumiert wurden. Der Film würde unzweifelhaft viel gewinnen, wenn die Musiker imstande wären, Musik zu liefern, welche einigermaßen exakt bestimmbare Wirkungen auf die Zuschauer ausüben würde. Man bekäme so musikalische Kulissen, emotionelle Plattformen, und wenn sie genügend atonal wären, könnte man sogar zur Standardisierung kommen. Die ständige Verwertung würde die Wirkung wahrscheinlich nicht abschwächen, sondern eher verstärken. Immer wieder verbunden mit erregenden Vorgängen, würden diese Kulissen wohl auch auf die neuen Vorgänge, mit denen sie verbunden würden, die bestimmte Erregung übertragen. Das chinesische Theater kennt Maskenwirkungen dieser Art.

(Schriften, 23 – 15,26-16,6)

*

Die wahre Kunst verarmt mit den Massen und wird reich mit den Massen. (Schriften, 22-597,4f.)

*

Ich erinnere mich an eine Photographie, die eine amerikanische Stahlfirma im Anzeigenteil der Zeitungen veröffentlichte. Sie zeigte das durch ein Erdbeben verwüstete Yokohama. Ein Chaos von zusammengeschüttelten Häusern. Aber dazwischen ragten noch einige Eisenzementgebäude, die ziemlich hoch waren. Darunter stand »Steel stood«, Stahl blieb stehen. – Diese Photographie gab der Kunst einen deutlichen Fingerzeig. (Der Messingkauf, 22 – 801,16-22/26f.)

*

Vor Jahren sah ich ein Foto in einer Zeitung, das zu Reklamezwecken die Zerstörung von Tokio durch ein Erdbeben zeigte. Die meisten Häuser waren eingefallen, aber einige moderne Gebäude waren verschont geblieben. Die Unterschrift lautete: Steel stood – Stahl blieb stehen. Vergleichen Sie diese Beschreibung mit der klassischen Beschreibung des Ätnaausbruchs durch den älteren Plinius, und Sie finden bei ihm einen Typus der Beschreibung, den die Stückeschreiber dieses Jahrhunderts überwinden müssen.

(Schriften, 23 – 341,1-9)

*

Bismarck hatte das Reich, Wagner das Gesamtkunstwerk gegründet, die beiden Schmiede hatten geschmiedet und verschmolzen, und Paris war von beiden erobert worden. Die unglücklichen Wallstreetbankiers waren von Wagner gezwungen worden, sich mit den konfusen und nichts Gutes verkündenden Angelegenheiten Wotans zu befassen. Der Wink, daß der Retter unter keinen Umständen nach seiner Herkunft befragt werden sollte, fand in diesen Kreisen Verständnis. Für eine Erlösung (ohne Herabsetzung der Eintrittspreise) wurden die höchsten Preise bezahlt. Die alten wie die neuen Meistersinger von Nürnberg flößten Achtung und Sympathie ein. Die Musik gebärdete sich als der tyrannische Lakai der Bourgoisie: es war ein »Typ im Kommen«. Dann zog sich die »ernste« Musik in den Elfenbeinturm zurück, unfähig, den mehr oder weniger unsittlichen Ansprüchen des Marktes gerecht zu werden, und »entwickelte sich dort weiter«. Sie wurde absoluter und absoluter, je geringer die Nachfrage wurde. In der Hitze der Märkte verfaulte das Fleisch rasch, die aufblühende Frigidaire-Industrie regte die Schaffung eines neuartigen Kühlsystems an. Es wurde entdeckt, daß sehr große Hitze und sehr große Kälte ähnliche Sensationen erzeugen. (Schriften, 23 – 21,13-33)

*

So ist die Kunst ein eigenes und ursprüngliches Vermögen der Menschheit, welches weder verhüllte Moral, noch verschönertes Wissen allein ist, sondern eine selbständige, die verschiedenen Disziplinen widerspruchsvoll repräsentierende Disziplin.

(Der Messingkauf, 22 – 755,26-29)

13
Wahrheiten

Die Dummen haben nur Gedanken, die ihnen nicht nützen. Die Klugen haben nur Gedanken, die ihnen nützen. Auch über das Denken haben die Klugen nur Gedanken, die ihnen nützlich erscheinen.

(Fatzer, 10 – 525,21-24)

*

Nun, meine Herren
Kopf hoch! Wer noch nicht tot ist, lebt noch!

(Der Aufstieg des Arturo Ui, 7 – 11,4f.)

*

Der freie Wille – das ist eine kapitalistische Erfindung! (Journale, 26 – 114,13)

*

Die Welt ist arm. Der Mensch ist schlecht.

(Gedichte, 11 – 140)

*

Der Mensch denkt: Gott lenkt –
Keine Red davon!

(Gedichte, 14 – 448)

*

Die meisten Erklärungen stellen Rechtfertigungen dar. (Buch der Wendungen, 18 – 116,3f.)

*

Wenn man die Wahrheit immer wüßte, wieviel Häßliches wüßte man da. (Buch der Wendungen, 18 – 127,30)

*

Wahrheit wissen heißt wissen: was? wem? nützt.

(Fatzer, 10 – 521,14)

*

Die klügsten Köpfe bemühen sich nicht um die Erkenntnis der Wahrheit, sondern um die Erkenntnis, wie Vorteile zu erlangen sind durch die Unwahrheit. Sie streben nicht nach dem Beifall ihrer selbst, sondern dem ihres Bauches.

(Buch der Wendungen, 18 – 70,9-13)

*

Solange es auf der Welt Wesen mit Verstand gibt, wird es immer nur heißen: Wer frißt wen?

(Die Neandertaler, 10 – 556,21f.)

*

Denn wovon lebt der Mensch? Indem er stündlich
Den Menschen peinigt, auszieht, anfällt, abwürgt und frißt!
Nur dadurch lebt der Mensch, daß er so gründlich
Vergessen kann, daß er ein Mensch doch ist.
Ihr Herren, bildet euch nur da nichts ein:
Der Mensch lebt nur von Missetat allein!

(Dreigroschenroman, 16 – 50,3-8 / Gedichte, 11 – 144)

*

Der Mensch lebt durch den Kopf
Der Kopf reicht ihm nicht aus
Versuch es nur, von deinem Kopf
Lebt höchstens eine Laus.
Denn für dieses Leben
Ist der Mensch nicht schlau genug

Niemals merkt er eben
Diesen Lug und Trug.

Ja, mach nur einen Plan
Sei nur ein großes Licht
Und mach dann noch 'nen zweiten Plan
Gehn tun sie beide nicht.
Denn für dieses Leben
Ist der Mensch nicht schlecht genug
Doch sein höh'res Streben
Ist ein schöner Zug.

Ja, renn nur nach dem Glück
Doch renne nicht zu sehr
Denn alle rennen nach dem Glück
Das Glück rennt hinterher.
Denn für dieses Leben
Ist der Mensch nicht anspruchslos genug
Drum ist all sein Streben
Nur ein Selbstbetrug.

(Die Dreigroschenoper, 2 – 291,5-34 /
Gedichte, 11 – 145f.)

*

Der Mensch ist unglaublich haltbar. Er stirbt nur ganz langsam ab, stückweise. Erst ganz zuletzt bekennt er Farbe und geht vollends ein.

(Dreigroschenroman, 16 – 168,24-27)

*

Ein zurechnungsfähiger Mensch ist ein Mensch, dem man alles zutrauen kann.

(Herr Puntila und sein Knecht Matti, 6 – 289,32,34)

Ach, jeder Mensch wär lieber gut als roh
Doch die Verhältnisse, sie sind nicht so!

(Dreigroschenroman, 16 – 64,3f.)

*

Ordnung ist heutzutage meistens dort, wo nichts ist. Es ist eine Mangelerscheinung.

(Flüchtlingsgespräche, 18 – 203,30f.)

*

Der Mensch, ungeheuer groß, wenn er die Natur unterwirft, wird, wenn er den Mitmenschen unterwirft, zum großen Ungeheuer. (Schriften, 24 – 351,31-33)

*

Als der Geist noch in Höhlen hauste, war er unbeachtet, aber frei. (Schriften, 21 – 48,36)

*

Unsichtbar macht sich die Dummheit, indem sie sehr große Ausmaße annimmt. (Der Tuiroman, 17 – 95,28f.)

*

Es ist leichter, das Glaubhafte zu sagen als das Wahre. (Buch der Wendungen, 18 – 120,9)

*

Wenn ein Mann die Gewohnheit hat, sich die Zähne einschlagen zu lassen, nützt es ihm nichts, wenn man sie ihm auszieht. (Schriften, 21 – 69,9f.)

*

Wie vielen großen Männern graute ihm vor seinen eigenen Entschlüssen, wenn sie ausgeführt werden mußten. So fiel Napoleon in Ohnmacht im Augenblick des lange geplanten Staatsstreiches.

(Dreigroschenroman, 16 – 181,17-20)

Die großen Männer sollte man ehren
Aber man sollte ihnen nicht glauben.

(Gedichte, 13 – 337)

*

Die Hauptsache ist, plump denken lernen. Plumpes Denken, daß ist das Denken der Großen.

(Dreigroschenroman, 16 – 173,4-6)

*

Keine Angst vor der platten Wahrheit, wenn sie nur wahr ist. (Schriften, 24 – 316,25)

*

Die klugen Köpfe können sehr töricht verwendet werden, sowohl von den Machthabern als auch von ihren Eigentümern selbst.

(Buch der Wendungen, 18 – 70,5-7)

*

Es wird viel für die Menschen und viel gegen die Menschen erfunden. Die Erfindungen für die Menschen werden unterdrückt, die Erfindungen gegen sie gefördert. (Buch der Wendungen, 18 – 83,36-38)

*

Die Geschichtsauffassung der Kleinbürger ist größtenteils romantisch. Der erste Napoleon beschäftigte die Phantasie dieser Deutschen natürlich nicht durch den Code Napoleon, durch die Millionen seiner Opfer. Die Blutflecken stehen diesen Eroberern gut zu Gesicht, wie Schönheitsflecken. [. . .] Dieser Respekt vor den Tötern muß zerstört werden.

(Schriften, 24 – 317,21-35)

*

Die Wirkung der Todesurteile in den Köpfen der kleinen Leute ist ungeheuer. Verbrecher werden hingerichtet, also: die hingerichtet werden, sind Verbrecher. (Die Geschäfte des Herrn Julius Caesar, 17 – 280,30-33)

*

Jeder Mann ist der beste in seiner Haut.

(Schriften, 24 – 14,15f.)

*

Zwei Dinge geziemen dem Mann:
Zu rauchen und
Zu kämpfen mit der Metaphysik.

(Gedichte, 13 – 201)

*

Ich glaube, daß selbst Gott sich über die Welt nur mehr aus den Zeitungen orientiert.

(Schriften, 21 – 153,21f.)

*

Denn der Mensch hat die furchtbare Fähigkeit, sich gleichsam nach eigenem Belieben gefühllos zu machen. So kommt es zum Beispiel, daß ein Mann, der einen anderen Mann mit einem Armstumpf an der Straßenecke stehen sieht, ihm wohl in seinem Schrekken das erste Mal zehn Pennies zu geben bereit ist, aber das zweite Mal, übergibt er ihn kaltblütig der Polizei. (Die Dreigroschenoper, 2 – 233, 29-36)

*

Wenn zum Beispiel die Küh sich miteinander besprechen könnten, gäb's den Schlachthof nicht mehr lang. (Herr Puntila und sein Knecht Matti, 6 – 317,22f.)

*

Gerade die Schafe scheinen den Metzger am besten zu verstehen. (Aus nichts wird nichts, 10 – 716,39f.)

*

Wenn das Kalb vernachlässigt ist
Drängt es zu jeder schmeichlenden Hand, auch
Der Hand eines Metzgers.

(Gedichte, 12 – 312)

*

Je schwächer das Gehirn des Bauern ist, desto stärker müssen die Muskeln seiner Ochsen sein.

(Buch der Wendungen, 18 – 142,7-9)

*

Aber das niedrige Gras vergißt der Sturm
Wenn es Morgen wird
Es richtet sich wieder auf.

(Gedichte, 14 – 185)

*

Ein Gutsherr aus unserer Gegend hat sich von seinem Häusler in einer Nacht im Winter 1908 übers Eis vom See führen lassen. Sie haben gewußt, daß im Eis ein Riß war, aber nicht wo, und der Häusler hat vorausgehen müssen die zwölf Kilometer. Dem Herrn ist angst geworden und er hat ihm einen Gaul versprochen, wenn sie hinüberkommen. Wie sie in der Mitte gewesen sind, hat er wieder geredet und gesagt: Wenn du durchfindest und ich brech nicht ein, kriegst du ein Kalb. Dann hat man das Licht von einem Dorf gesehn und er hat gesagt: Gib dir Müh, damit du dir die Uhr verdienst. Fünfzig Meter vom Ufer hat er noch von einem Sack Kartoffeln gesprochen, und wie sie da waren, hat er ihm eine Mark gegeben und gesagt: Lang hast du gebraucht. Wir sind zu dumm für ihre Witz und Tricks und fallen ihnen immer wieder herein. Warum, sie schauen aus wie unsereiner und das täuscht. Wenn sie ausschauten wie Bären oder Kreuzottern, möcht man auf der Hut sein.

(Herr Puntila und sein Knecht Matti, 6 – 339,28-340,5)

*

Die Religion gibt einen Halt. Aber das Pferd ist nicht gut zu sprechen auf den Halt, den der Sattel dem Reiter gibt. (Schriften, 23 – 103,26f.)

*

Denn dem Menschen seit Äonen
Ist ein Streben eingesenkt
Daß er nach den höheren Zonen
Stets in seinem Geiste drängt
Sieht er die Gestirne thronen
Ahnt er tausend Himmelwärtse
Während er zu seinem Schmerze
Mit dem Fleisch nach unten hängt.

(Die heilige Johanna der Schlachthöfe,
3 – 234,7-14)

*

Herrscher und Lakaien, das ist die gleiche Menschensorte. Wenn man ihn am Arsch leckt, dann ist es ein Herr, und wenn man ihm ins Gesicht spuckt, dann ist es ein Lakai. (Schriften, 21 – 93,27-30)

*

Denn wie man sich bettet, so liegt man
Es deckt einen keiner da zu
Und wenn einer tritt, dann bin ich es
Und wird einer getreten, dann bist's du.

(Aufstieg und Fall der Stadt Mahagonny, 2 – 373,34-371)

*

Ach der Mensch in seinem Drange
Hält das Irdische nicht aus
Und in seinem stolzen Gange
Aus dem Alltäglichen
Ganz Unerträglichen
In das Unkenntliche
Hohe Unendliche
Stößt er übers Ziel hinaus.

(Die heilige Johanna der Schlachthöfe, 3 – 212,25-32)

*

Gib einem Bär Honig, und du wirst deinen Arm einbüßen, wenn das Vieh Hunger hat!

(Leben des Galilei. 1955/56, 5 – 265,25f.)

*

Als Metzger bin ich gewohnt, daß zuletzt ich lache und nicht die Sau. (Die Mutter, 3 – 302, 9f.)

*

Denn nicht die Macht ist schlecht: der Mißbrauch ist's. (Die Spitzköpfe und die Rundköpfe, 4 – 38,8)

*

Damit ein Mann das tut, was wir verlangen
Muß man ihn mit Gehalt und Ansehn fangen.
Ja, ohne Schmierung fehlt dem Recht der Witz:
Die leere Kasse ist kein Richtersitz!

(Die Spitzköpfe und die Rundköpfe, 4 – 69,22-25)

*

Kein Reaktionär ist unerbittlicher als der gescheiterte Neuerer, kein Elefant ein grausamerer Feind der wilden Elefanten als der gezähmte Elefant.

(Schriften, 24 – 236,9-12 / Gedichte, 12 – 238)

*

Undurchsichtig ist der Menschen Handeln.
Sie selbst kaum kennen ihre Gründe meist
Und jetzt erst andere! Auch der schärfste Blick
Durchdringt oft nicht die unerklärliche Wirrnis
Der menschlichen Natur.

(Die Spitzköpfe und die Rundköpfe, 4 – 73,2-5)

*

Die Wahrheit ist das Kind der Zeit, nicht der Autorität. (Leben des Galilei. 1938/39, 5 – 43,5f.)

*

Es setzt sich nur so viel Wahrheit durch, als wir durchsetzen. (Leben des Galilei. 1938/39, 5 – 67,9f.)

*

Der Sieg der Vernunft kann nur der Sieg der Vernünftigen sein. (Leben des Galilei, 1938/39, 5 – 67,10f.)

*

Wer die Wahrheit nicht weiß, der ist bloß ein Dummkopf. Aber wer sie weiß und sie eine Lüge nennt, der ist ein Verbrecher. (Leben des Galilei. 1938/39, 5 – 70,35-37)

Man soll die Wahrheit nur denen sagen, die sie verstehen können. Jedermann weiß, daß die Wahrheit eine Waffe ist, nur ist sie nicht jedermanns Waffe.

(Schriften, 22 – 98,3-6)

*

Wer heute die Lüge und Unwissenheit bekämpfen und die Wahrheit schreiben will, hat zumindest fünf Schwierigkeiten zu überwinden. Er muß den *Mut* haben, die Wahrheit zu schreiben, obwohl sie allenthalben unterdrückt wird; die *Klugheit*, sie zu erkennen, obwohl sie allenthalben verhüllt wird; die *Kunst*, sie handhabbar zu machen als eine Waffe; das *Urteil*, jene auszuwählen, in deren Händen sie wirksam wird; die *List*, sie unter diesen zu verbreiten. Diese Schwierigkeiten sind groß für die unter dem Faschismus Schreibenden, sie bestehen aber auch für die, welche verjagt wurden oder geflohen sind, ja sogar für solche, die in den Ländern der bürgerlichen Freiheit schreiben. (Schriften, 22 – 74,6-19)

*

Wie der Einbrecher
In der mondlosen Nacht, der sich umsieht
Ob da kein Polizist geht
So bewegt sich derjenige
Der hinter der Wahrheit her ist.

Und wie etwas Gestohlenes
Die Schulter in Furcht
Daß sich eine Hand darauf lege
Trägt er die Wahrheit weg. (Gedichte, 14 – 325f.)

Nach einiger Überlegung fällt der die Wahrheit verhüllende Schleier, und einfach und nackt erblicken wir ihre schöne Gestalt. Ist es nicht klar, daß ein Pferd, welches drei oder vier Ellen hoch herabfällt, sich die Beine brechen kann, während ein Hund keinen Schaden erlitte, desgleichen eine Katze selbst von acht oder zehn Ellen Höhe, ja eine Grille von einer Turmspitze und eine Ameise, wenn sie vom Monde herabfiele? Und wie kleinere Tiere verhältnismäßig kräftiger und stärker sind als die großen, so halten sich die kleinen Pflanzen besser: und nun glaube ich, verstehen Sie, meine Herren, daß eine zweihundert Ellen hohe Eiche ihre Äste in voller Proportion mit einer kleinen Eiche nicht halten könnte und daß die Natur ein Pferd nicht so groß wie zwanzig Pferde werden lassen kann, noch einen Riesen von zehnfacher Größe, außer durch Veränderungen der Proportionen aller Glieder, besonders der Knochen, die weit über das Maß einer proportionellen Größe verstärkt werden müssen. – Die gemeinsame Annahme, daß große und kleine Maschinen gleich ausdauernd seien, ist offenbar irrig.

(Leben des Galilei. 1938/39, 5 – 97,31-98,10)

*

Wer da weiß, daß er weiß, weiß noch nicht, wie man weiß. (Leben des Galilei. 1938/39, 5 – 114,33f.)

*

Nicht die Dinge verwirren die Menschen, sondern die Meinungen über die Dinge.

(Leben des Galilei. 1938/39, 5 – 115,9f. – nach Epiktet)

Die Hälfte der Menschheit lebt
Einzig vom löchrigen Gedächtnis der anderen Hälfte.

(Fatzer, 10 – 461,10f.)

*

Unglück stammt von mangelhaften Berechnungen.

(Leben des Galilei. 1955/56, 5 – 282,5f.)

*

Angesichts von Hindernissen mag die kürzeste Linie zwischen zwei Punkten die krumme sein.

(Leben des Galilei. 1955/56, 5 – 282,6f.)

*

Maria saß auf einem Stein
Sie hatt ein rosa Hemdelein
Das Hemdelein war verschissen.
Doch als der kalte Winter kam
Das Hemdelein sie über nahm
Verschissen ist nicht zerrissen.

(Gedichte, 14 – 415)

*

Die Gefahr dauert für gewöhnlich länger als die Flucht. (Buch der Wendungen, 18 – 58,39)

*

Eben die Zeit, wo man am schwersten ohne Wissen auskommt, ist die Zeit, wo es am schwersten zu beschaffen ist. Es ist der Zustand des untersten Elends, wo es scheint, daß man ohne Wissen auskommt. Nichts mehr ist kalkulierbar, die Maßstäbe sind mitverbrannt, die nahen Ziele verdecken die fernen; da entscheidet das Glück. (Schriften, 24 – 256,3-8)

*

Der Krieg, der kommen wird
Ist nicht der erste. Vor ihm
Waren andere Kriege.
Als der letzte vorüber war
Gab es Sieger und Besiegte.
Bei den Besiegten das niedere Volk
Hungerte. Bei den Siegern
Hungerte das niedere Volk auch.

(Gedichte, 12 – 13)

*

Das Anschneiden von Problemen bedeutet den Problemen gegenüber eine große Grausamkeit. Sie müssen dann nämlich angeschnitten herumlaufen.

(Schriften, 22- 312,29-31)

*

So gut es ist, sich den guten Ratschlägen zu unterwerfen, so gefährlich ist es, sich den guten Ratgebern zu unterwerfen. Das führt dazu, daß man die Ratschläge nicht mehr prüft, und ungeprüfte, das heißt ungeänderte, unangepaßte Ratschläge anzuwenden ist töricht. (Buch der Wendungen, 18 – 114,3-7)

*

Wer im guten Glücke des Unglücks gedenkt
Dem war das Glück zu Unrecht geschenkt!
Wer das sparte im Glück für die sauren Wochen
Der wird auf dem Ätna nur Suppe kochen!

(Gedichte, 13 – 230)

14
Von Weisheiten und Irrtümern

Das Denken gehört zu den größten Vergnügungen der menschlichen Rasse.

(Leben des Galilei. 1955/56, 5 – 211,15f.)

*

Wenn es einen Gedanken gibt
Den du nicht kennst
Denke den Gedanken
Kostet er dich Geld
Verlangt er dein Haus
Denke ihn, denke ihn.
Du darfst es.

(Gedichte, 11 – 172)

*

Denken über Probleme, die durch Denken nicht gelöst werden können, muß man sich abgewöhnen.

(Buch der Wendungen, 18 – 130,18f.)

*

»Woran arbeiten Sie?« wurde Herr K. gefragt. Herr K. antwortete: »Ich habe viel Mühe, ich bereite meinen nächsten Irrtum vor.«

(Geschichten vom Herrn Keuner, 18 – 15,3-5)

*

Das Glück ist dunkel und es läuft schnell!
Das Unglück aber ist lang und hell.

(Gedichte, 13 – 230)

*

Ja, mach nur einen Plan
Sei nur ein großes Licht!
Und mach dann noch 'nen zweiten Plan
Gehn tun sie beide nicht.

(Die Dreigroschenoper, 2 – 291,15-18)

*

Die neuen Möglichkeiten bringen die neuen Schwierigkeiten. (Schriften, 23 – 315,3)

*

Die Atombombe ist sowohl als technisches als auch soziales Phänomen das klassische Endprodukt einer wissenschaftlichen Leistung und eines sozialen Versagens. (Schriften, 24 – 240,36-38)

*

Die nützlichen Hervorbringungen der Wissenschaft werden nur allzu freudig entgegengenommen von selbstischen Männern; jedoch sehen die Autoritäten mit Unlust auf die neuen Ideen, welche die Wissenschaft nötig hat, Neues hervorzubringen. Diese Ideen haben nämlich die unerwünschte Tendenz, kommen sie erst einmal ins Volk, sich auch mit den Obrigkeiten zu befassen, welche dazu da sind, die alten Ideen zu pflegen. Word is passed down.

(Schriften, 24 – 252,27-34)

*

Eine Hauptursache der Armut in den Wissenschaften ist meist eingebildeter Reichtum. Es ist nicht ihr Ziel, der unendlichen Weisheit eine Tür zu öffnen, sondern eine Grenze zu setzen dem unendlichen Irrtum.

(Leben des Galilei. 1955/56, 5 – 252,15-18)

Unsere Erfahrungen verwandeln sich meist sehr rasch in Urteile. Diese Urteile merken wir uns, aber wir meinen, es seien die Erfahrungen.

(Buch der Wendungen, 18 – 90,13-15)

*

Siebenmal
Siehst du nicht her
Aber beim achten Mal
Verdammst du sofort

(Sintflut, 10 – 545,20-23 /
Gedichte 13, 338)

*

Man soll gegen die Symptome nicht so hart sein, wenn man sich aus guten Gründen ängstlich weigert, die Ursachen zu ändern. (Schriften, 23 – 364,3-5)

*

Man sollte nicht zu kritisch sein.
Zwischen ja und nein
Ist der Unterschied nicht so groß.

(Gedichte, 13 – 256)

*

B. erzählte oft von Nurmi, einem finnischen Langstreckenläufer, der einmal, durch die Dummheit und Geldgier seiner Agenten, an einem Kurzstreckenlauf teilnahm. Bewunderungswürdig unfähig, seinen auf lange Strecken berechneten ebenmäßigen Lauf auch nur im geringsten zu beeilen, verlor er den Wettlauf.

(Schriften, 23 – 175,36-176,2)

*

Aber der den großen Sprung machen will, muß einige Schritte zurückgehen. Das Heute geht gespeist durch das Gestern in das Morgen. Die Geschichte macht vielleicht einen reinen Tisch, aber sie scheut den leeren. (Schriften, 23 – 245,22-25)

*

Als der Denkende in einen großen Sturm kam, saß er in einem großen Fahrzeug und nahm viel Platz ein. Das erste war, daß er aus seinem Fahrzeug stieg, das zweite war, daß er seinen Rock ablegte, das dritte war, daß er sich auf den Boden legte. So überwand er den Sturm in seiner kleinsten Größe.

(Badener Lehrstück, 3 – 38,13-17 / Fatzer, 10 – 518,14-18)

*

Das Schwimmen gegen den Strom ist Torheit, aber es gehört Weisheit dazu, die Richtung des Stromes zu erkennen. (Fatzer, 10 – 528,5f.)

*

Die Philosophie sollte sich mehr mit den Reden der Leute als mit den Reden der Philosophen beschäftigen. (1930)

*

Klug ist nicht, der keine Fehler macht, sondern
Klug ist, der sie schnell zu verbessern versteht.

(Die Maßnahme, 3 – 83,11f.)

*

Das schlimmste ist nicht: Fehler haben, nicht einmal sie nicht bekämpfen, ist schlimm. Schlimm ist, sie zu verstecken. (Buch der Wendungen, 18 – 112,3f.)

*

Was nicht fremd ist, findet befremdlich!
Was gewöhnlich ist, findet unerklärlich!
Was da üblich ist, das soll euch erstaunen.
Was die Regel ist, das erkennt als Mißbrauch
Und wo ihr den Mißbrauch erkannt habt
Da schafft Abhilfe!

(Die Ausnahme und die Regel, 3 – 260,7-12)

*

Die Ordnung der Gestirne hängt davon
Ob sie der Mensch begreift, nicht ab. Sie ist.

(Die Spitzköpfe und die Rundköpfe, 4 – 63,37f.)

*

Unglücklich das Land, das keine Helden hat!
– Nein. Unglücklich das Land, das Helden nötig hat.

(Leben des Galilei. 1938/39, 5 – 93,14 u. 33)

*

Autorität und keine Wahrheit gehören wohl zusammen und ebenso gehören zusammen: Wahrheit und keine Autorität.

(Leben des Galilei. 1938/39, 5 – 100,39-101,2)

*

Die Vernunft ist eine Sache, in welche die Menschen sich teilen. Sie ist nämlich die Selbstsucht der gesamten Menschheit. Diese Selbstsucht ist zu schwach, aber selbst ein Mensch wie ich kann ja noch sehen, daß die Vernunft nicht am Ende ist, sondern am Anfang. Ich bleibe auch dabei, daß dies eine neue Zeit ist. Sollte sie aussehen wie eine blutbeschmierte alte Vettel, dann sähe eben eine neue Zeit so aus! Der

Einbruch des Lichts erfolgt in die allertiefste Dunkelheit. Während an einigen Orten die größten Entdekkungen gemacht werden, welche die Glücksgüter der Menschen unermeßlich vermehren müssen, liegen sehr große Teile dieser Welt ganz im Dunkel. Die Finsternis hat dort sogar noch zugenommen! Nimm dich in acht, wenn du durch Deutschland fährst und die Wahrheit unter dem Rock trägst!

(Leben des Galilei. 1938/39, 5 – 106,3-16)

*

Als ich wiederkehrte
War mein Haar noch nicht grau
Da war ich froh.
Die Mühen der Gebirge liegen hinter uns
Vor uns liegen die Mühen der Ebenen.

(Gedichte, 15 – 205 / Journale, 27 – 300,15-17)

*

Die Gerechtigkeit wird gewonnen aus dem Mitleid mit dem Opfer und dem Mitleid mit dem Peiniger. Der richtige mittlere Zorn entsteht aus dem Zorn über den Missetäter und dem Zorn über alles, was ihn zum Missetäter macht. Der richtig Mutige fürchtet auch den Tod, darum ist er mutig. Er fürchtet das schlechte Leben noch mehr als den Tod, so geht er den goldenen Mittelweg. Der fähig Freundliche kennt eine Grenze der Hilfe. Zuviel ist so falsch wie zu wenig. Die richtige Menschenliebe schließt die Liebe zu sich selber nicht aus. Der goldene Mittelweg ist nicht der bequeme Weg, sondern der Weg, der zum Ziel führt.

(Leben des Konfutse, 10 – 894,1-11)

Wichtiger als gut zu leben ist es: in einer guten Zeit zu leben. (Schriften, 21 – 189,1)

*

Der Friede ist das A und O aller menschenfreundlichen Tätigkeiten, aller Produktion, aller Künste, einschließlich der Kunst zu leben.

(Schriften, 23 – 345,29-31)

*

ich bin gegen eine reform der rechtschreibung von solchem ausmass dass alle die bücher, die auf die alte weise gedrukkt sind, schwer lesbar werden. die grossen buchstaben sollte man aber nur für namen und die fürwörter in der anrede verwenden. (auch für den satzanfang nicht; da genügt der punkt und ein abstand.) die aussprache sollte in der rechtschreibung berükksichtigt werden. ich würde schreiben: er sang so dass man ihn hören konnte, sodass man wusste, in welcher stimmung er war. liebe darf man nicht libe schreiben und toll nicht tol. fisik scheint mir in ordnung, wase nicht. wer ins teater geht sollte einen zilinder aufsezzen können, aber mystik sollte er nicht vorgesezzt bekommen, lieber farsen. razion liest sich für mich nicht übel, aber razio geht nicht und nazion ist undenkbar, da habe ich einen schokk bekommen. lassen wir also lieber auch die rationen.

(Schriften, 23 – 282,7-21)

*

Nicht für Geselligkeit sondern für Männergespräche
Nicht für Liebe sondern für Wollust
Nicht für gut essen sondern für Hungerstillen
Nicht für spielen sondern für arbeiten
Nicht für Muße sondern für Faulheit
Nicht für Mädchen sondern für Frauen

(Journale, 26 – 290,20-25)

*

Von den Freuden, die nicht abgewogenen.
Von den Häuten, die nicht abgezogenen.
Von den Geschichten, die unverständlichen.
Von den Ratschlägen, die unverwendlichen.
Von den Mädchen, die neuen.
Von den Weibern, die ungetreuen.
Von den Orgasmen, die ungleichzeitigen.
Von den Feindschaften, die beiderseitigen.
Von den Aufenthalten, die vergänglichen.
Von den Abschieden, die unterschwänglichen.
Von den Künsten, die unverwertlichen.
Von den Lehrern, die beerdlichen.
Von den Genüssen, die aussprechlichen.
Von den Zielen, die nebensächlichen.
Von den Feinden, die empfindlichen.
Von den Freunden, die kindlichen.
Von den Farben, die rote.
Von den Botschaften, der Bote.
Von den Elementen, das Feuer.
Von den Göttern, das Ungeheuer.
Von den Untergehenden, die Lober.

Von den Jahreszeiten, der Oktober.
Von den Leben, die hellen.
Von den Toden, die schnellen.

(Gedichte, 15 – 297f.)

15
Endlichkeit und Tod

Unsterblich kann man nur werden, wenn man einen
Namen hat.
Wie bekommt man den Namen? – Durch die Fehler,
die man macht.

(Schriften, 21 – 226,24-27)

*

Laßt Euch nicht verführren
Es gibt keine Wiederkehr
Der Tag steht vor den Türen
Ihr könnt schon Nachtwind spüren
Es kommt kein Morgen mehr.

(Aufstieg und Fall der Stadt Mahagonny, 2 – 357,37-358,3)

*

Ich, Bertolt Brecht, bin aus den schwarzen Wäldern
Meine Mutter trug mich in die Städte hinein
Als ich in ihrem Leibe lag. Und die Kälte der Wälder
Wird in mir bis zu meinem Absterben sein.

(Gedichte, 11 – 119)

*

Wir wissen, daß wir Vorläufige sind
Und nach uns wird kommen: nichts Nennenswertes!

(Gedichte, 11 – 120)

*

Meine Mutter ist gestorben am 1. Mai. Der Frühling erhob sich. Schamlos grinste der Himmel. [. . .] Meine Mutter: Ich liebte sie auf meine Weise, aber sie wollte auf die ihre geliebt sein.

(Journale, 26 – 116,19f. u. 117,1-3)

*

Nichts bringt den Menschen dem Zustand der ewigen Verdammnis so nahe als die Überzeugung, daß es eine solche nicht gibt. (Journale, 26 – 216,21-23)

*

Der Tod ist zu nichts gut. (Journale, 27 – 353,14f.)

*

[Die] Todesfurcht, beruht auf einem Irrtum. Man bedenkt grämlich, was einem alles fehlt, wenn man tot ist, was man alles versäumt, und man vergißt, daß man gar nicht mehr da ist. (Prosa, 20 – 202,14-17)

*

Früher machte mir oft der Gedanke Beschwerde, daß irgendeine unverantwortliche Instanz von einem gewissen Punkt aus mit diesem Planeten operiere, womöglich ohne Sachkenntnis. Heute beunruhigt mich weit mehr der Gedanke, daß sich nichts mit uns befaßt. (Journale, 26 – 288,25-29)

*

Es regnet. In der Zeit der Sintflut sind alle in die Arche gegangen. Sämtliche Tiere einträchtig. Das war die einzige Zeit, wo die Geschöpfe der Erde einträchtig waren. Es sind wirklich alle gekommen. Aber der Ichthyosaurus ist nicht gekommen. Man sagte ihm allgemein, er solle einsteigen, aber er hatte keine Zeit in diesen Tagen. Noah selber machte ihn darauf aufmerksam, daß die Flut kommen würde.

Aber er sagte ruhig: ich glaub's nicht. Er war allgemein unbeliebt, als er ersoff. Ja, ja, sagten alle, der Ichthyosaurus, der kommt nicht. Dieses Tier war das älteste unter allen Tieren und auf Grund seiner großen Erfahrungen durchaus imstande auszusagen, ob so etwas, wie eine Sintflut, möglich sei oder nicht. Es ist leicht möglich, daß ich selber einmal in einem ähnlichen Fall auch nicht einsteige.

(Baal, 1 – 144,35 – 145,9)

*

Als ihr bleicher Leib im Wasser verfaulet war
Geschah es, sehr langsam, daß Gott sie allmählich vergaß:
Erst ihr Gesicht, dann die Hände und ganz zuletzt erst ihr Haar
Dann ward sie Aas in Flüssen mit vielem Aas.

(Baal, 1 – 126,25-29)

*

Als im dunklen Erdenschoße faulte Baal
War der Himmel noch so groß und still und fahl
Jung und nackt und ungeheuer wunderbar
Wie ihn Baal einst liebte, als Baal war.

(Baal, 1 – 141,33-36)

*

Hinter der Trommel her
Trotten die Kälber
Das Fell für die Trommel
liefern sie selber.

(Schweyk, 7 – 236,7-10 / Gedichte, 14 – 228)

Der Abschied vom Leben fällt immer schwer, im Bett wie auf dem Schlachtfeld, am meisten gewiß jungen Menschen in der Blüte ihrer Jahre. Nur Hohlköpfe können die Eitelkeit so weit treiben, von einem leichten Sprung durch das dunkle Tor zu reden, und auch dies nur, solange sie sich weitab von der letzten Stunde glauben. Tritt der Knochenmann aber an sie selbst heran, dann nehmen sie den Schild auf den Rücken und entwetzen, wie des Imperators feister Hofnarr bei Philippi, der diesen Spruch ersann.

(Schulaufsatz Brechts, Juni 1916; überliefert durch Otto Müllereisert, in: *Bertolt Brecht. Ich bin aus den schwarzen Wäldern*, Frankfurt a. M. 1991)

*

Ich gestehe es: ich
Habe keine Hoffnung.
Die Blinden reden von einem Ausweg. Ich
Sehe.

Wenn die Irrtümer verbraucht sind
Sitzt als letzter Gesellschafter
Uns das Nichts gegenüber.

(Gedichte, 13 – 189)

*

Das große Carthago führte drei Kriege. Es war noch mächtig nach dem ersten, noch bewohnbar nach dem zweiten. Es war nicht mehr auffindbar nach dem dritten. (Schriften, 23 – 156,17-19)

*

Wir wollen kein Deutschland, das in einem Kriegslager steht, denn ein dritter Krieg würde Deutschland unbewohnbar machen. (Schriften, 23 – 320,32-34)

*

Das Gedächtnis der Menschheit für erduldete Leiden ist erstaunlich kurz. Ihre Vorstellungsgabe für kommende Leiden ist fast noch geringer.

(Schriften, 23 – 215,29-31)

*

Welch fähiges Geschlecht: der Mensch
Sein schlechtes Gedächtnis
Ermöglicht ihm das Dasein.

(Gedichte, 14 – 129)

*

Nicht weniger als die Bedrohung mit dem Tode ist für gewöhnlich nötig, einen Menschen von dem abzubringen, zu was ihn sein Verstand gebracht hat, diese gefährlichste aller Gaben des Allmächtigen.

(Leben des Galilei. 1938/39, 5 – 100,11-14)

*

Todesfurcht ist menschlich! Menschliche Schwächen gehen die Wissenschaft nichts an.

(Leben des Galilei. 1955/56, 5 – 283,5f.)

*

Als ich neulich abends vor der Haustür stand und Wriggles streichelte oder vielmehr kratzte, meinte ich, im Dunst etwas vom Orion zu sehen, und dachte: man müßte die Freundlichkeit, die man zu Gestorbenen gefühlt hat, auf Lebende übertragen, sei es auf bestimmte Menschen oder auch Tiere. Damit würde man – für eine Zeit – denen, die gegangen sind, noch gute Handlungen verdanken. (Journale, 27 – 107,10-16)

*

Der abgerissene Strick kann wieder geknotet werden
Er hält wieder, aber
Er ist zerrissen. (Buch der Wendungen, 18 – 87,27-30)

*

Kein Strick
Hält länger, als seine
Schwächste Faser hält.

(Fatzer, 10 – 439,1-3)

*

Ich habe kein Bedürfnis danach, daß ein Gedanke von mir bleibt, ich möchte aber, daß alles aufgegessen wird, umgesetzt, aufgebraucht.

(Journale, 26 – 283,28-30)

*

Bei Gott, ich wollte, man läse
Auf meinem Grabstein dereinst: hier ruht
B.B. REIN. SACHLICH. BÖSE.

(Gedichte, 13 – 266)

*

Ich benötige keinen Grabstein, aber
Wenn ihr einen für mich benötigt
Wünschte ich, es stünde darauf:
Er hat Vorschläge gemacht. Wir
Haben sie angenommen.
Durch eine solche Inschrift wären
Wir alle geehrt.

(Gedichte, 14 – 191f.)

Schreibt nichts auf den Stein
Außer den Namen.
Ich vergaß: den Namen
Könnt Ihr weglassen.

(Gedichte, 14 – 40)

*

Der Tod ist ein routinierter Romantiker. Wie alle Wirklichkeit ist er undurchsichtig.

(Galgei, 10 – 48,27f.)

*

Das Chaos ist aufgebraucht. Es war die beste Zeit.

(Im Dickicht der Städte, 1 – 497,16f.)

*

An jenem Tag im blauen Mond September
Still unter einem jungen Pflaumenbaum
Da hielt ich sie, die stille bleiche Liebe
In meinem Arm wie einen holden Traum.
Und über uns im schönen Sommerhimmel
War eine Wolke, die ich lange sah
Sie war sehr weiß und ungeheuer oben
Und als ich aufsah, war sie nimmer da.

(Gedichte, 11 – 92)

*

Als ich einst im Flügelkleide
In den Himmel gangen bin
Sagten traurig manche Leute:
Schade, aber hin ist hin. –

(Gedichte, 13 – 120)

*

Und wenn ihr einst in Frieden ruht
Beseligt ganz vom Himmelslohn
Dann stolpert durch die Höllenglut
Bert Brecht mit seinem Lampion.

(Gedichte, 13 – 94)

16
Einsichten

Wenn ich bedenke, wozu mich das begeisterte Mitgehen geführt hat und was mir das oftmalige Prüfen genützt hat, so rate ich zum zweiten. Hätte ich mich der ersten Haltung überlassen, dann lebte ich noch in meinem Vaterland, da ich aber die zweite Haltung nicht eingenommen hätte, wäre ich kein ehrlicher Mensch mehr. (Journale, 26 – 308,18-23)

*

Meine Liebe zur Klarheit kommt von meiner so unklaren Denkart. Ich wurde ein wenig doktrinär, weil ich dringend Belehrung brauchte. Meine Gedanken verwirren sich leicht, das auszusprechen beunruhigt mich gar nicht. Die Verwirrung beunruhigt mich. Wenn ich etwas gefunden habe, widerspreche ich sogleich heftig und stelle unter Kummer gleich wieder alles in Frage, dabei freute ich mich eben vorher noch kindisch, daß wenigstens etwas mir einigermaßen gesichert schien, wie ich mir sagte, für bescheidene Ansprüche. Solche Sätze wie der, daß der Beweis für den Pudding im Essen liege, oder der, daß das Leben die Daseinsweise des Eiweißes sei, beruhigen mich ungemein, bis ich von neuem in Ungelegenheiten gerate. Auch Szenen, die zwischen Menschen vorfallen, schreibe ich eigentlich nur auf, weil ich mir sie sonst nur so sehr undeutlich vorstellen kann.

(Journale, 27 – 353,22-35)

Mitunter, das war immer so, gerate ich in eine gewisse geistige Unruhe und schließe mich ab, begebe mich in eine Art Höhle und lese dort die Kriminalromane. Das bedeutet nichts, meine Beziehungen zu meiner Umwelt werden dadurch, außer zeitweise, nicht geändert. Ich habe das nicht in der Hand.

(Journale, 27 – 361,3-7)

*

Von Natur bin ich ein schwer beherrschbarer Mensch. Autorität, die nicht durch meinen Respekt entsteht, verwerfe ich mit Ärger, und Gesetze kann ich nur als vorläufige und fortwährend zu ändernde Vorschläge, das menschliche Zusammenleben regulierend, betrachten. (Journale, 27 – 361,10-14)

*

Das erste untrügliche Zeichen des Alterns geben uns die Augen, denke ich. Es ist nichts weiter als das Gefühl, daß die Augen eben nicht mehr jung sind.

(Journale, 27 – 362,38-40)

*

In Erwägung, daß ich nur ein paar Wochen im Jahr für mich arbeiten kann
in Erwägung, daß ich, arbeitend, auf meine Gesundheit achten muß
in Erwägung, daß bei dem Schreiben von Stücken und dem Lesen von Kriminalromanen jede menschliche Stimme im Haus oder vor dem Haus eine willkommene Ausrede für eine Unterbrechung bildet
habe ich beschlossen, mir eine Sphäre der Isolierung

zu schaffen, und benutze dazu das Stockwerk mit meinem Arbeitszimmer und den kleinen Platz vor dem Haus, begrenzt durch Gewächshaus und Laube. Ich bitte, diese Regelung nicht als allzu bindend aufzufassen. Prinzipien halten sich am Leben durch ihre Verletzung. (Journale, 27 – 363,5-18)

17
Alles braucht Änderungen

Die Welt gefällt mir nicht mehr. Wenn sie sich nicht ändert, fange ich an, mich zu betrinken.

(Gedichte, 13 – 225)

*

Ändere die Welt: sie braucht es!

(Die Maßnahme, 3 – 116,27)

*

Nichts werde gezählt als gut, und sehe es aus wie immer, als was
Wirklich hilft, und nichts gelte als ehrenhaft mehr, als was
Diese Welt endgültig ändert: sie braucht es!

(Die heilige Johanna der Schlachthöfe, 3 – 222,13-16)

*

Der Nützliche ist immer in Gefahr
Allzuviele brauchen ihn.
Wohl ihm, der der Gefahr entrinnt
Nützlich bleibend.

(Gedichte, 14 – 219)

*

Ein Mann, der Herrn Keuner lange nicht gesehen hatte, begrüßte ihn mit den Worten: »Sie haben sich gar nicht verändert.« – »Oh!« sagte Herr Keuner und erbleichte. (Geschichten vom Herrn Keuner, 18 – 21,9-12)

*

Es ist ein Vergnügen des Menschen, sich zu verändern. (Schriften, 23 – 297,12)

*

Am Grunde der Moldau wandern die Steine.
Es liegen drei Kaiser begraben in Prag.
Das Große bleibt groß nicht und klein nicht das Kleine.
Die Nacht hat zwölf Stunden, dann kommt schon der Tag.

(Schweyk, 7 – 252,3-7 / Gedichte, 15 – 92)

*

Außer diesem Stern, dachte ich, ist nichts und er
Ist so verwüstet.
Er allein ist unsere Zuflucht und die
Sieht so aus. (Gedichte, 15 – 209)

*

Das Alte sagt: So wie ich bin, bin ich seit je.
Das Neue sagt: Bist Du nicht gut, dann geh.

(Leben des Galilei. 1955/56, 5 – 215,20f.)

*

Nicht nur Kämpfe darstellen zwischen Alt und Neu, sondern für das Neue kämpfen.

(Schriften, 23 – 376,23f.)

*

Man kann die Dinge erkennen, indem man sie ändert. (Schriften, 21 – 425,32)

*

Die Tugenden zahln sich nicht aus, nur die Schlechtigkeiten, so ist die Welt und müßt nicht so sein!

(Mutter Courage und ihre Kinder, 6 – 76,30f.)

Die Stückeschreiber, die die Welt als eine veränderliche und veränderbare darstellen wollen, müssen sich an ihre Widersprüche halten, denn diese sind es, die die Welt verändern und veränderbar machen.

(Schriften, 23 – 381,13-16)

*

Wenn wir Menschlichkeit wollen, müssen wir menschliche Verhältnisse schaffen.

(Journale, 26 – 301,20f.)

*

Unrecht ist menschlich
Menschlicher aber
Kampf gegen Unrecht!

(Fatzer, 10 – 400,4-6)

*

Wichtiger, als zu betonen, wie unrichtig es ist, Unrecht zu tun, ist es, zu betonen, wie unrichtig es ist, Unrecht zu dulden. Unrecht zu tun, haben nur wenige die Gelegenheit, Unrecht zu dulden, viele.

(Buch der Wendungen, 18 – 144,19-22)

*

Unsere Zeit hat kein Recht, selbstsüchtige Menschen zu verdammen, solange sie nicht Zustände schaffen will, die Selbstlosigkeit zu einer guten, das heißt für den Selbstlosen guten Tat machen.

(Buch der Wendungen, 18 – 87,27-30)

*

Laßt uns das tausendmal Gesagte immer wieder sagen, damit es nicht einmal zuwenig gesagt wurde!

Laßt uns die Warnungen erneuern, und wenn sie schon wie Asche in unserem Mund sind!

(Schriften, 23 – 216,4-7)

*

Umwälzungen finden in Sackgassen statt.

(Buch der Wendungen, 18 – 127,32)

*

Dauerten wir unendlich
So wandelte sich alles
Da wir aber endlich sind
Bleibt vieles beim alten

(Gedichte, 15 – 294)

*

Schädlich sein können solche, die gewisse Übel beklagen, ohne ihre abstellbaren Ursachen zu nennen.

(Buch der Wendungen, 18 – 87,27-30)

*

Der Mensch wirft sich in das Neue nur im Notfall.

(Schriften, 23 – 36,15f.)

*

Scharfes Denken ist schmerzhaft. Der vernünftige Mensch vermeidet es, wo er kann.

(Flüchtlingsgespräche, 18 – 282,6f.)

*

Ich halte nichts von Mitleid, das sich nur in Hilfsbereitschaft und nicht auch in Zorn verwandelt.

(Schriften, 23 – 100,32f.)

*

Und alles Mitleid, Frau, nenn ich gelogen
Das sich nicht wandelt in den roten Zorn

Der nicht mehr ruht, bis endlich ausgezogen
Dem Fleisch der Menschheit dieser alte Dorn!

(Gedichte, 12 – 246)

*

Wir bitten euch ausdrücklich, findet
Das immerfort Vorkommende nicht natürlich.

(Die Ausnahme und die Regel, 3 – 237,12f.)

*

Wir waren immer darin einig, daß die Zeit, in der wir leben, für Kämpfer eine vortreffliche Zeit ist. In welcher anderen Zeit hatte die Vernunft eine solche Chance? In keiner lohnte der Kampf mehr.

(Schriften, 23 – 9,30-33)

*

Aber auch euer Bericht zeigt uns, wieviel
Nötig ist, die Welt zu verändern:
Zorn und Zähigkeit, Wissen und Empörung
Schnelles Eingreifen, tiefes Bedenken
Kaltes Dulden, endloses Beharren
Begreifen des Einzelnen und Begreifen des Ganzen:
Nur belehrt von der Wirklichkeit, können wir
Die Wirklichkeit ändern.

(Die Maßnahme, 3 – 125,28-35)

*

Es hilft nur Gewalt, wo Gewalt herrscht, und
Es helfen nur Menschen, wo Menschen sind.

(Die heilige Johanna der Schlachthöfe, 3 – 224,39f.)

*

Vorwärts, und nie vergessen
Worin unsre Stärke besteht.

Beim Hungern und beim Essen
Vorwärts, nicht vergessen
Die Solidarität!

(Gedichte, 14 – 119)

*

Du, mein Sohn, und ich und alle unsresgleichen
Müssen zusammenstehn und müssen erreichen
Daß es auf dieser Welt nicht mehr zweierlei
Menschen gibt.

(Gedichte, 11 – 209)

*

Als ich dich in meinem Leib trug
War es um uns gar nicht gut bestellt
Und ich sagte oft: der, den ich trage
Kommt in eine schlechte Welt.

Und ich nahm mir vor, zu sorgen
Daß er sich da etwa auch nicht irrt.
Den ich trage, der muß sorgen helfen
Daß sie endlich besser wird.

Als ich dich in meinem Leibe trug
Sprach ich leise oft in mich hinein:
Du, den ich in meinem Leibe trage
Du mußt unaufhaltsam sein.

(Gedichte, 11 – 206f.)

*

Die chinesische Mauer während ihres Baues
Wurde 200 Jahre lang bekämpft.
Dann stand sie. (Gedichte, 13 – 282)

Die alte Zeit ist herum und es ist eine neue Zeit.
Die alten Lehren, die tausend Jahre geglaubt wurden, sind ganz baufällig.
Wo der Glaube tausend Jahre gesessen hat, ebenda sitzt jetzt der Zweifel.
Den gefeiertsten Wahrheiten wird auf die Schulter geklopft, was nie bezweifelt wurde, das wird jetzt bezweifelt.
Die Himmel, hat es sich herausgestellt, sind leer.
Darüber ist ein fröhliches Gelächter entstanden.

(Leben des Galilei. 1938/39, 5 – 10,7-15)

*

Ich halte dafür, daß das einzige Ziel der Wissenschaft darin besteht, die Mühseligkeit der menschlichen Existenz zu erleichtern.

(Leben des Galilei. 1955/56, 5 – 284,10-12)

*

Es treffen sich Wissenschaft und Kunst darin, daß beide das Leben der Menschen zu erleichtern da sind, die eine beschäftigt sich mit ihrem Unterhalt, die andere mit ihrer Unterhaltung.

(Kleines Organon für das Theater, 23 – 73,8-10)

*

Ginge da ein Wind
Könnte ich ein Segel stellen.
Wäre da kein Segel
Machte ich eines aus Stecken und Plane.

(Gedichte, 12 – 310)

*

Schwierigkeiten werden nicht dadurch überwunden, das sie verschwiegen werden. In der Praxis muß man einen Schritt nach dem andern machen – die Theorie muß den ganzen Marsch enthalten.

(Schriften, 21 – 302,15-18)

*

Wirklicher Fortschritt ist nicht Fortgeschrittensein, sondern Fortschreiten.
Wirklicher Fortschritt ist, was Fortschreiten ermöglicht oder erzwingt. Und zwar in breiter Front die angeschlossenen Kategorien mitbewegend.
Wirklicher Fortschritt hat als Ursache die Unhaltbarkeit eines wirklichen Zustandes und als Folge seine Veränderung. (Schriften, 24 – 83,28-32)

*

Es ist eine Lust unseres Zeitalters, das so viele und mannigfache Veränderungen der Natur bewerkstelligt, alles so zu begreifen, daß wir eingreifen können. Da ist viel im Menschen, sagen wir, da kann viel aus ihm gemacht werden. Wie er ist, muß er nicht bleiben; nicht nur, wie er ist, darf er betrachtet werden, sondern auch, wie er sein könnte.

(Kleines Organon für das Theater, 23 – 82,31-36)

*

Die Unterdrückung hat zugenommen
Der Kampf dagegen
Gilt als veraltet.

(Gedichte, 14 – 249)

*

Die Völker Europas zu erziehen zu liberalen Ideen, ohne ihre eigentlichen Lebensbedingungen zu ändern, welche liberale Ideen unmöglich machen, ist dasselbe wie Lungenkranke erziehen zum Nichthusten, wenn man ihnen ihre Tbc läßt.

(Schriften, 23 – 34,39-35,3)

*

Anmut sparet nicht noch Mühe
Leidenschaft nicht noch Verstand
Daß ein gutes Deutschland blühe
Wie ein andres gutes Land.

(Gedichte, 15 – 294)

*

Der Prozeß des Lernens bei uns ist ein allseitiger, verwickelter, widerspruchsvoller Prozeß. Wir können häufig nicht mit dem Elementarsten beginnen, wenn wir auch nicht versäumen dürfen, es jeweils nachzuholen. Außerordentlich fortgeschrittene Ideen, welche uns ermöglichen, verwickelte gesellschaftliche Umwälzungen zu dirigieren, treffen wir oft in ganz primitiver Form an. Wir müssen alle alles gleichzeitig lernen, das Schwierige und das Leichte, das Alte, das Neue. Die Bücher sind unvollständig, oft irreführend, und wir können ihrer doch nicht entraten. Die Weisheit des Volks muß in allem das letzte Wort sprechen, und doch ist sie vermengt mit Aberglaube. Irgendwo müssen wir anfangen, nirgends dürfen wir aufhören. (Schriften, 23 – 138,28-39)

*

In den Zeiten der Umwälzung, den furchtbaren und fruchtbaren, fallen die Abende der untergehenden Klassen mit den Frühen der aufsteigenden zusammen. Dies sind die Dämmerungen, in denen die Eule der Minerva ihre Flüge beginnt.

(Schriften, 23 – 290,12-15)

*

Mich lähmt das Morgen und
Dies unverbindliche Heut! So sitzend
Zwischen noch nicht und schon nicht mehr
Glaub ich nicht, was ich denk!
Sicher ist's ein Irrtum, schon morgen
Klar! Warum also heut reden?

(Fatzer, 10 – 440,22-27)

*

Die Veränderbarkeit der Welt besteht auf ihrer Widersprüchlichkeit. In den Dingen, Menschen, Vorgängen steckt etwas, was sie so macht, wie sie sind, und zugleich etwas, was sie anders macht. Denn sie entwickeln sich, bleiben nicht, verändern sich bis zur Unkenntlichkeit. Und die Dinge, wie sie eben jetzt sind, enthalten in sich, so »unkenntlich«, Anderes, Früheres, dem jetzigen Feindliches.

(Schriften, 23 – 301,31-37)

*

Laßt euch nicht vertrösten!
Ihr habt nicht zu viel Zeit!
Laßt Moder den Erlösten!
Das Leben ist am größten:
Es steht nicht mehr bereit.

(Gedichte, 11 – 116)

*

Was, meinst Du, ändert sich leichter
Ein Stein oder deine Ansicht darüber?

(Gedichte, 13 – 335)

*

Mögen andere von ihrer Schande sprechen, ich spreche von der meinen. (Gedichte, 11 – 253)

*

Selbst die Sintflut
Dauerte nicht ewig.
Einmal verrannen
Die schwarzen Gewässer.
Freilich, wie wenige
Dauerten länger!

(Gedichte, 12 – 315)

*

Denn nichts werde gezählt als gut, und sehe es aus wie immer, als was
Wirklich hilft, und nichts gelte als ehrenhaft mehr, als was
Diese Welt endgültig ändert: sie braucht es.
Wie gerufen kam ich den Unterdrückern!
Oh, folgenlose Güte! Unmerkliche Gesinnung!
Ich habe nichts geändert.

Schnell verschwindend aus dieser Welt ohne Furcht
Sage ich euch:
Sorgt doch, daß ihr die Welt verlassend
Nicht nur gut wart, sondern verlaßt
Eine gute Welt!

(Die heilige Johanna der Schlachthöfe,
3 – 222,13-24)

Nachwort
Bertolt Brecht – Klassiker der Vernunft

Will man sich einen aktuellen Überblick über die Relevanz und internationale Präsenz einer Autors verschaffen, dann ist es heutzutage klug, einen Blick ins Internet zu werfen und eine der mächtigen »Suchmaschinen« zu benutzen. Für die Abfrage »Bertolt Brecht« in LYCOS werden zügig »488 relevant results« angezeigt. Das geht von der Veröffentlichung von Gedichten und Aphorismen (selbstverständlich ohne Genehmigung der Brecht-Erben, möglicher Übersetzer oder des Suhrkamp Verlags) über die penible Dokumentation von Off-Theater-Produktionen bis hin zu wohlformulierten »Guide Questions for Mother Courage and Her Children (1939) by Bertolt Brecht«, mit denen sich Studenten weltweit auf ihre Prüfungen vorbereiten können.

Brecht, so wird nach wenigen Augenblicken klar, ist ein »Thema«. Die Beschäftigung mit dem Augsburger Schriftsteller und »Stückeschreiber« ist auch heute noch, über 40 Jahre nach seinem Tod und kurz vor seinem 100. Geburtstag eine internationale, ernsthafte – und zuweilen auch ganz unakademische. David Bowie zählt zu seinen Interpreten, genauso wie Marianne Faithful oder Helen Schneider und Tom Waits. Al Pacino redet bei vielen Gelegenheiten über seine erste große Theaterrolle am New Yorker Broadway: den Arturo Ui; sein Faible für den Stückeschreiber hat er sich seitdem bewahrt. Brecht beschäftigt die großen Theater (denkt man nur an Giorgio Strehler, dessen Mailänder Piccolo-Theater mit Brecht seit den fünfziger Jahren die größten Erfolge feiert) wie die kleinen Studentenbühnen – im Ranking der bedeutendsten Bühnenautoren liefert sich Brecht stets mit Shakespeare und Goethe ein Kopf-an-Kopf-Rennen. Und daran hat sich auch mit der »Wende« nichts geändert. Im Gegenteil: Seine – nie bedingungslose! – Solidarität mit dem DDR-Regime, seine Vorausahnung, daß die gewaltfreie Wiedervereinigung der beiden deutschen Staaten zweifellos möglich sei (vgl. S. 113) und sein Eintreten für die Vernunft als leitendes Instrument menschlichen Strebens machten ihn schon zu Lebzeiten angreifbar – und bis zum heutigen Tag umstritten. Das Diktum des Parteigängers der SED, des »Kommunisten« auf der einen Seite, die Schmähung als bürgerlicher Intellektueller ohne entsprechende Verläßlichkeit auf der anderen Seite – Brecht war nie Mitglied einer kommunistischen Partei – spaltete sein Publikum früh. Hierin liegt wohl auch ein entscheidendes Potential seines umfangreichen Werks, das über 50 Stücke – weitere 100 hat er begonnen, aber nie vollendet –, genau 2334 Gedichte, drei Romane und viele Geschichten sowie zahllose Schriften zur Kunst, zur Politik und zu Fragen der Zeitgeschichte verzeichnet.

Woher stammt Brechts listige und dennoch weitgehend stringente und kompromißlose Weltsicht, die auch in diesen »Lektüren für Minuten« zu finden ist?

Beginnen muß man in Augsburg, dem Ort, an dem Eugen Berthold Friedrich Brecht 1898 geboren worden ist und in dem er die ersten 25 Jahre seines Lebens verbracht hat. Ein begabter Schüler, doch vom wilhelminischen »Realgymnasium« tendenziell unterfordert, ist er sich seiner Sache von frühester Jugend an sicher: Er will ein großer Dichter werden, besser als die alten und mit mehr Erfolg und auch nicht immer in Augsburg. Er ist 15 Jahre alt, als er diesen Entschluß in sein Tagebuch notiert.
Was zunächst kommt, ist der erste Weltkrieg, und mit ihm geht der letzte deutsche Kaiser. Vom Krieg selbst bleibt Brecht in Augsburg ziemlich verschont, er ist nicht »kv« (kriegsverwendungsfähig) wegen eines Herzleidens. Dennoch nimmt er starken Anteil, tauscht rasch den nationalistischen Taumel gegen die Einsicht in das Grauen auf den Schlachtfeldern (vgl. S. 11-13). Sicher ist der Krieg zusammen mit den Wirren der Münchener Räterepublik, in die Brecht zeitweilig verstrickt war, prägend für den jungen Brecht. Er verbringt dann ein paar Semester an der Münchener Universität, verführt einige Bürgerstöchter, zeugt seinen ersten Sohn und fällt allen, von denen er glaubt, sie könnten ihm wichtig sein, mit seinen Gedichten, Stückprojekten und Geschichten auf die Nerven: Er ist überzeugt, daß seine schriftstellerische Arbeit etwas taugt. Jetzt muß er darum kämpfen, daß sie wahrgenommen und erfolgreich wird. Erfolg, das ist für Brecht eine klar quantifizierbare Größe, die sich ausschließlich in Mark und Pfennig nieder-

schlägt. Der arme Poet ist sein Ideal nie gewesen. »Nur wer im Wohlstand lebt, lebt angenehm!« Obwohl er in seiner Mansarde bis zur Erschöpfung an den ersten Stücken, z.B. *Baal*, arbeitet, ein Projekt nach dem anderen entwirft, um es im nächsten Moment wieder zu verwerfen, langweilt er sich in Augsburg. Der Zweiundzwanzigjährige schreibt in sein Tagebuch: »Wie mich dieses Deutschland langweilt. [...] Ein verkommener Bauernstand, [...] ein verfetteter Mittelstand und eine matte Intellektuelle! Bleibt«, so notiert er im Mai 1920: »Amerika«. Und sein berühmt gewordenes Jugendgedicht *Deutschland, du Blondes, Bleiches* endet: »Und in den Jungen, die du / Nicht verdorben hast / Erwacht Amerika!«

»Amerika« wird für den jungen Brecht jahrelang zur Projektionsfläche seiner Visionen und seiner Literatur. Amerika ist das Land, in dem jeder die Chance hat, Erfolg zu haben, wenn er nur tüchtig kämpft. »Öl und Eisen und Gold gab es mehr als Wasser [...] In den ewigen Prärien aus Stein«. – Deutschland ist vom verlorenen Weltkrieg gezeichnet, die zwanziger Jahre erst bringen den scheinbaren Aufschwung, und Brecht will nur eins: raus aus der Kleinstadt und aller Welt zeigen, was er kann. In der Tasche hat er Stücke wie *Baal*, *Trommeln in der Nacht* oder *Mann ist Mann*. Mit denen möchte er die Theater der Welt erobern.

Die große Welt beginnt für Bertolt Brecht in Berlin. Die Hauptstadt mausert sich nach dem Krieg zu einer bedeutenden europäischen Kulturmetropole und läuft München schnell den Rang ab. Auf mehreren Exkursionen hatte Brecht seine Erfolgschancen als Literat und Theatermann gründlich sondiert und Ende 1924 läßt er Augsburg und München endgültig hinter sich. In Berlin fühlt sich Brecht in den ersten Monaten wenn nicht zu Hause, so doch am richtigen Platz. Alle Welt war schließlich hier versammelt. Von früh bis in die Nacht zieht er durch die Cafés, die Redaktionsstuben der wichtigsten Zeitungen und Verlage und natürlich die Theater, die zu erobern er hierhergekommen war. Berlin erscheint vor ihm wie eine Schatzinsel. Glanz und Gloria der habsburgischen Monarchie haben den bunten Neonröhren der Leuchtreklamen weichen müssen, und rasch entwikkeln sich in diesem Klima die typischen Ausdrucksformen der neuen Zeit: Kino, Radio, Jazz, Magazine und Reklame. Berlin wird zum Schlaraffenland einer Zerstreuungsgesellschaft, die nichts mehr verabscheut als die Langeweile: Man lebt. Wer etwas auf sich hält, raucht Chesterfield und trinkt Whisky, bestaunt die 32 Beine der »Original-Tiller-Girls« und andere Amerikaimporte in den neuen Revuetheatern mit ihren aufwendigen Produktionen. »Die Sünden der Welt« oder »Berlin ohne Hemd« sind Nachahmungen bewährter Unterhaltungsshows, etwa der legendären Pariser Folies-Bergère. Berlin ist zwar nicht Paris und schon gar nicht New York, doch genau wie dort zieht es die Massen zu den Stars, den verruchten Vamps in luxuriösen Kostümen. Ein grandioses Theater in Bildern ohne Sprache, aufgeführt vor kleinen Angestellten und Sekretärinnen, die sich die ersten erhältlichen Seidenstrümpfe – lange vor den Nylons – buchstäblich vom Munde abgespart haben. Die von moralischen Schranken befreiten Revuen und Varietés präsentieren die nackten Körper schöner Frauen inmitten wahrer »Weiberfleischorgien« (wir kennen heute noch La Jana oder Anita Berber).

Eine eigentümliche Bekanntschaft bringt diese bunte Zeit mit sich: Durch ihr häufiges Zusammensein freunden sich Brecht und der Boxer Paul Samson-Körner an. »Samson-Körner ist ein großartiger Typus«, begeistert sich Brecht in einem Interview Mitte 1926. »Ich wollte ihn für mich festhalten. Die einfachste Methode war, mir von ihm sein Leben erzählen zu lassen. [...] Was mir bei Samson-Körner zuerst auffiel, war, daß er nach einem ganz nichtdeutschen sportlichen Prinzip zu boxen schien. Er boxte sachlich. Das hat einen großen plastischen Charme.« Es bleibt selbst für Eingeweihte dunkel, was Brecht damit gemeint haben könnte, doch ist er von diesem Charme offenbar so beeindruckt, daß im weiteren Verlauf des Jahres 1926 der Plan entsteht, die Lebensgeschichte dieses Boxers aufzuschreiben – einige Teile sind publiziert, andere nie zu Ende geschrieben worden. Zu verführerisch sind neue Projekte, neue Kooperationen.

In Berlin feiert Brecht seinen ersten wirklich großen Erfolg. Mit dem Komponisten Kurt Weill – und anderen – hat er in kurzer Zeit die Opern *Aufstieg und Fall der Stadt Mahagonny* und *Die Dreigroschenoper* geschrieben. *Mahagonny* bleibt zunächst liegen, aber die *Dreigroschenoper* wurde 1928 mit sensationellem Erfolg aufgeführt. Seitdem zählt das Stück mit den eingängigen Songs zu den international erfolgreichsten Produktionen der Theatergeschichte. Brecht wird berühmt, von heute auf morgen. Man spielt ihn in ganz Europa. Und er selber spielt den »Bürgerschreck«, den man heute noch auf manchen Fotos – mit Lederjacke und Zigarre – gerne ansieht.

Er arbeitet weiter sehr hart. Es ist die Zeit, in der Brecht sich mit der Geschichte der politischen Ökonomie vertraut macht, die er z.B. in *Die heilige Johanna der Schlachthöfe* verarbeitet. »Er behauptete, die Praktiken mit Geld seien sehr undurchsichtig«, schreibt seine Mitarbeiterin Elisabeth Hauptmann, »er müsse jetzt sehen, wie es mit den Theorien über Geld stehe«. Brecht befragt Fachleute und Börsianer, studiert Marx' *Kapital* – »eine Art Betriebsunfall« wie er später einräumt – und gerät in den nachhaltigen Ruf, ein Kommunist zu sein. – Und in der Tat: Brecht wendet sich neuen, experimentelleren Formen des Theaters zu und entwickelt seine bis heute international diskutierten »Lehrstücke«. Sein kompromißloses, umstrittenstes Lehrstück *Die Maßnahme* läßt er in einer Boxringdekoration aufführen, begleitet von Hunderten von Arbeitersängern, in einer Nachtaufführung vor der Berliner Philharmonie mitten im Winter 1930.

Brecht muß – zusammen mit seiner Familie – Deutschland nach dem Reichstagsbrand am 27. Februar 1933 verlassen. Sie ziehen unter »das dänische Strohdach« nach Svendborg auf der Insel Fünen. In dieser für Brecht trotz des Exils glücklichen und ungemein produktiven Zeit entstehen seine »großen« Dramen, *Leben des Galilei*, *Mutter Courage und ihre Kinder* und *Der gute Mensch von Sezuan*, aber auch die weltberühmten *Svendborger Gedichte* oder der *Dreigroschenroman*, die er zusammen mit Margarete Steffin schreibt. – Die Freunde sind weit verstreut und Brecht reist viel in Europa herum in diesen ersten Jahren des Exils. Er lädt sich viele Gäste nach Svendborg ein, denn es ist ihm sehr wichtig, die »alten« Arbeitsbeziehungen nicht abreißen zu lassen. Schließlich will man sich von den Verhältnissen in Deutschland nicht über Gebühr beeindrucken lassen. – Doch die Hoffnung auf ein rasches Ende des Naziterrors erfüllt sich nicht: Die Situation einer ganzen Reihe von Exilanten spitzt sich mit der drohenden Kriegsgefahr dramatisch zu. Unter dem Eindruck des Sieges von Faschisten-General Franco über das republikanische Spanien im Frühjahr 1939, mehr noch durch den unbegreiflichen Schulterschluß Stalins mit Hitler im August 1939 schwinden alle Hoffnungen auf eine Eindämmung des europäischen Faschismus. Vielmehr demonstrieren die Achsenmächte ihre Macht.

Über Schweden und Finnland, wo er den *Aufstieg des Arturo Ui* schreibt, erreicht Brecht mit den Seinen –

nach Durchquerung der Sowjetunion mit der transsibirischen Eisenbahn – den Hafen von Wladiwostok und dort einen Frachter nach Los Angeles. Seine treueste und wichtigste Mitarbeiterin Margarete Steffin muß er in Moskau zurücklassen, sie ist todkrank, er kann nicht bleiben. Heute wissen wir sicher, daß Brecht die UdSSR nicht ungefährdet bereiste; allzu gerne hätte man den bürgerlichen Intellektuellen den »Trotzkisten« zugeschlagen. Stalins Gulag hat zu dieser Zeit bereits Hunderte von deutschen Kommunisten verschlungen.
In den USA arbeitet Brecht sofort mit amerikanischen Theatertruppen zusammen. Mit Charles Laughton probt er die amerikanische Fassung des *Galilei* über zwei Jahre. Unterstützt von Ruth Berlau, seit der dänischen Zeit eine ständige Begleiterin, schreibt er ab 1944 am *Kaukasischen Kreidekreis*. Dazwischen versucht er sich als Drehbuchautor in Hollywood; ohne wirklichen Erfolg und mit erheblichen Frustrationen. Dieses »Geschäft« ist ihm so unendlich fern wie die Sprache in diesem Land. – Brecht wird aus diesen und anderen Gründen nicht sonderlich froh in den USA. Er versucht diszipliniert zu sein, gibt sich selber Regeln: »Plan für Tag: Aufstehen sieben Uhr. Zeitung, Radio. Kaffee kochen, in der kleinen Kupferkanne. Vormittags Arbeit. Leichter Lunch um zwölf. Ruhe mit Kriminalroman. Nachmittags Arbeit oder Besuche machen. Abendessen sieben Uhr. Danach Gäste. Nachts halbe Seite Shakespeare oder Waleys Sammlung chinesischer

Gedichte. Radio. Kriminalroman.« Das notiert Brecht am 4. September 1944 in sein *Journal.*
Im März 1947 startet das House on Un-American Activities Committee (HUAC) seine Kampagne gegen die »kommunistische Infiltration« der amerikanischen Film- und Theaterszene. Man zitiert Brecht vor den Ausschuß nach Washington und befragt ihn über seine Kontakte zu Kommunisten. Brechts Antworten sind listig, er war ja wirklich nie Mitglied einer kommunistischen Partei, seine Freunde waren es sehr wohl (vgl. S. 74). Das Klima der sogenannten McCarthy-Ära wird für den Stückeschreiber unerträglich. Einen Tag nach seiner Anhörung, am 31. Oktober 1947, verläßt Brecht die USA in einem Flugzeug nach Paris.
Nach einer kurzen Zwischenstation in der Schweiz geht Brecht nach Berlin. Er wird bald offiziell Österreicher, ab April 1950 hat er einen entsprechenden Paß, der ihn bis zum Ende seines Lebens begleitet. Die sechs Jahre, die ihm zu leben bleiben, sind von unermüdlicher Arbeit mit dem eigenen, dem Berliner Ensemble bestimmt. Gemeinsam mit Helene Weigel und einer großen Schar junger Schauspielerinnen und Schauspieler, Dramaturgen und Regisseure führt Brecht dieses Ensemble an die Spitze der europäischen Theater. Er bringt seine großen Exilstücke – bislang »ungetestet« – auf die Bühne und arbeitet an den Klassikern, an Goethes *Urfaust*, an Molière, an Shakespeare, an Lenz.
Brecht wird rasch zu einem wichtigen »Aushänge-

schild« der DDR-Kulturpolitik im Westen, ohne sich von diesem Regime, dessen menschenverachtende Politik seit dem 17. Juni 1953 deutlich wird, je ganz vereinnahmen zu lassen. 1956, das Jahr in dem Brecht stirbt, wurde ein böses Jahr für die Kunst und Literatur in der ehemaligen DDR. Er »fehlte«, seine Stimme wäre wichtig gewesen.
Brecht ist – nicht zuletzt durch die Stationen seines Exils – früh zu einem »internationalen Autor« geworden. Seine Werke sind in alle Sprachen übersetzt, allein in ein Dutzend Dialekte des Hindi! Daß man gerade in der Türkei den ersten Band einer großen Werkausgabe herausgebracht hat (mit allen Fassungen von *Leben des Galilei*) macht deutlich, welchen Einfluß dieser »Schriftsteller der Vernunft« auch heute noch auf andere Kulturkreise hat. Es mag sein, daß Max Frisch recht hatte, als er in bezug auf den »politischen Brecht« von der »durchschlagenden Wirkungslosigkeit des Klassikers« gesprochen hat. Möglich auch, daß die Lyrik des widerspenstigen Augsburgers uns heute »mehr zu sagen« hat als seine Stücke (das meint Marcel Reich-Ranicki), oder daß Helmuth Karasek richtig liegt, wenn er schreibt: »Brecht ist inzwischen so tot wie seine Feinde, die ihn zu Lebens- und Wirkzeiten totsagten. Er ist ein Klassiker, ein toter Autor. Er wird gespielt, gelesen. Damit ich ihn lieben und schätzen kann, muß mir niemand einreden wollen, der *Gute Mensch von Sezuan* sei etwas anderes als ein kitschiges kommunistisches Weihnachtsmärchen.«

Brecht selbst wäre mit solch kontroversen Einschätzungen sicher einverstanden gewesen. Eines seiner Gedichte lautet:

> Ich benötige keinen Grabstein, aber
> Wenn ihr einen für mich benötigt
> Wünschte ich, es stünde darauf:
> Er hat Vorschläge gemacht. Wir
> Haben sie angenommen.
> Durch eine solche Inschrift wären
> Wir alle geehrt.

Ihm war an der Mumifizierung, an einer Legendenbildung um seine Person nicht gelegen.

Günter Berg

Zeittafel

1898	Eugen Berthold Friedrich Brecht, am 10. Februar geboren in Augsburg
1912	Konfirmation
1913	Erste Publikationen. Schülerzeitschrift *Die Ernte.*
1918-1919	Sanitätssoldat – *Baal.* Dramatische Biographie
1919	*Trommeln in der Nacht.* Komödie
1920	Erste Reise nach Berlin
1921-1923	*Im Dickicht der Städte.* Stück
1922	Dramaturg an den Münchner Kammerspielen Kleistpreis für *Trommeln in der Nacht*
1923	*Leben Eduards des Zweiten von England.* Historie (nach Marlowe, gemeinsam mit Lion Feuchtwanger)
1924-1926	Übersiedelung nach Berlin. Regisseur an Max Reinhardts Deutschem Theater, Berlin *Mann ist Mann.* Lustspiel
1927	*Bertolt Brechts Hauspostille.* Gedichte
1928-1929	*Aufstieg und Fall der Stadt Mahagonny.* Oper *Die Dreigroschenoper* *Der Ozeanflug.* Radiolehrstück für Knaben und Mädchen

1929	*Das Badener Lehrstück vom Einverständnis*
1929-1930	*Der Jasager und der Neinsager.* Schulopern
	Die heilige Johanna der Schlachthöfe. Stück
1930	*Die Ausnahme und die Regel.* Lehrstück
	Die Maßnahme. Lehrstück
1932	*Die Mutter.* Stück (nach Gorki)
	Die drei Soldaten. Ein Kinderbuch
1932-1934	*Die Rundköpfe und die Spitzköpfe.* Stück
1933	Emigration nach Dänemark, später Schweden und Finnland.
1933-1934	*Die Horatier und die Kuriatier.* Lehrstück für Kinder
1934	*Dreigroschenroman*
1936-1937	*Die Gewehre der Frau Carrar.* Stück
1938	*Leben des Galilei.* Schauspiel
	Die Geschäfte des Herrn Julius Caesar. Roman
	Gesammelte Werke in zwei Bänden (Malik-Verlag, London)
	Furcht und Elend des III. Reiches. 24 Szenen
	Das Verhör des Lukullus. Hörspiel
1938-1940	*Der gute Mensch von Sezuan.* Parabelstück
1939	*Mutter Courage und ihre Kinder.* Chronik

	Svendborger Gedichte
1940	*Herr Puntila und sein Knecht Matti.* Volksstück
1941	Exil in den USA
	Der aufhaltsame Aufstieg des Arturo Ui. Stück
1942-1943	*Die Gesichte der Simone Machard.* Stück
1944-1945	*Schweyk.* Stück
	Der kaukasische Kreidekreis. Schauspiel
1947	Rückkehr aus den USA nach Zürich
	Bearbeitung und Aufführung der *Antigone*
1948	Rückkehr nach Berlin
1949	11. Januar Aufführung von *Mutter Courage und ihre Kinder* in Berlin.
	Gründung des Berliner Ensembles im September.
	Kalendergeschichten
	Wiederaufnahme der 1933 unterbrochenen Reihe der *Versuche*
	Die Tage der Commune. Stück
1950	*Die Verurteilung des Lukullus.* Oper
1951	*Der Hofmeister.* Komödie (nach Lenz)
1953	*Turandot oder Der Kongreß der Weißwäscher.* Fragment
	Buckower Elegien
1954	Das Theater am Schiffbauerdamm wird Spielstätte des Berliner Ensembles (Eröffnung mit *Don Juan* nach Molière).

1954-1959	Gesamtausgabe der *Stücke* in zwölf Bänden
1956	am 14. August gestorben in Berlin
1957	*Schriften zum Theater*
1960	Beginn der Gesamtausgabe der *Gedichte* in sechs Bänden
	2000. Aufführung der *Dreigroschenoper* in New York
1961	*Flüchtlingsgespräche*
1967	*Gesammelte Werke* in 8 Bänden im Suhrkamp Verlag
1969	*Texte für Filme*
1973	*Arbeitsjournal* 1938-1955
1975	*Tagebücher* 1920-1922
1978	zum 80. Geburtstag *Bertolt Brecht – Sein Leben in Bildern und Texten*
1981	zum 25. Todestag *Briefe*
1988-1998	*Große kommentierte Berliner und Frankfurter Ausgabe* der *Werke* in 30 Bänden (33 Teilen)

Das lieferbare Werk von Bertolt Brecht in den Verlagen Suhrkamp und Insel

Werke. Große kommentierte Berliner und Frankfurter Ausgabe 30 Bände (33 Teile). Herausgegeben von Werner Hecht, Jan Knopf, Werner Mittenzwei, Klaus-Detlef Müller

Ausgewählte Werke in sechs Bänden
Jubiläumsausgabe zum 100. Geburtstag
Insgesamt 4000 S. Gebunden in Kassette

Einzelausgaben:

Stücke:

Der aufhaltsame Aufstieg des Arturo Ui. 1965

Aufstieg und Fall der Stadt Mahagonny. Oper. 1963

Baal. Drei Fassungen. Kritisch ediert und kommentiert von Dieter Schmidt. 1966

Baal. Der böse Baal der asoziale. Texte, Varianten, Materialien. Kritisch ediert und kommentiert von Dieter Schmidt. 1968

Das Badener Lehrstück vom Einverständnis. Die Rundköpfe und die Spitzköpfe. Die Ausnahme und die Regel. Drei Lehrstücke. 1975

Gerhart Hauptmann: Biberpelz und roter Hahn. In der Bearbeitung Bertolt Brechts und des Berliner Ensembles. Herausgegeben und kommentiert von Klaus-Detlef Müller. 1993

Die Dreigroschenoper. Nach John Gays »The Beggar's Opera«. 1968

Frühe Stücke: Baal. Trommeln in der Nacht. Im Dickicht der Städte. 1973

Furcht und Elend des Dritten Reiches. 1970

Furcht und Elend des III. Reiches. Erweiterte Ausgabe. 1998

Die Gewehre der Frau Carrar. 1980

Der gute Mensch von Sezuan. Parabelstück. 1964

Die heilige Johanna der Schlachthöfe. 1965

Herr Puntila und sein Knecht Matti. Volksstück. 1965

Der Jasager und Der Neinsager. Vorlagen, Fassungen, Materialien. Herausgegeben und mit einem Nachwort versehen von Peter Szondi. 1966

Der kaukasische Kreidekreis. 1963

Leben des Galilei. Schauspiel. 1963

Leben Eduards des Zweiten von England. Vorlage, Texte und Materialien. Ediert von Reinhold Grimm. 1968

Mann ist Mann. Die Verwandlung des Packers Galy Gay in den Militärbaracken von Kilkoa im Jahre neunzehnhundertfünfundzwanzig. Lustspiel. 1953

Die Mutter. 1980

Mutter Courage und ihre Kinder. Eine Chronik aus dem Dreißigjährigen Krieg. 1964

Der Ozeanflug – Die Horatier und die Kuriatier – Die Maßnahme. 1980

Schweyk im zweiten Weltkrieg. 1965

Die Tage der Commune. 1966

Trommeln in der Nacht. Komödie. 1971

Der Untergang des Egoisten Johann Fatzer. Bühnenfassung von Heiner Müller. 1994

Das Verhör des Lukullus. Hörspiel. 1974

Gedichte:

Buckower Elegien. Mit Kommentaren von Jan Knopf. 1986

Gedichte in einem Band. 1981

Gedichte über die Liebe. Ausgewählt von Werner Hecht. 1981

Bertolt Brechts Hauspostille. Mit Anleitungen, Gesangsnoten und einem Anhange. Faksimile der Erstausgabe (1927). Mit Beiheft. Herausgegeben von Klaus Schumann. 2 Bände. 1970

Bertolt Brechts Hauspostille. Mit Anleitungen, Gesangsnoten und einem Anhange. 1951

Bertolt Brecht, 100 Gedichte. Ausgewählt von Siegfried Unseld. 1998

Liebesgedichte. Ausgewählt von Elisabeth Hauptmann. 1966

Das große Brecht-Liederbuch. Herausgegeben und kommentiert von Fritz Hennenberg. Musik von Bertolt Brecht, Franz S. Bruinier, Kurt Weill, Hanns Eisler, Paul Dessau, Rudolf Wagner-Régeny, Kurt Schwaen. (3 Bände.) 1984

Bertolt Brecht. Über Verführung. Erotische Gedichte. Mit Radierungen von Pablo Picasso. Zusammengestellt von Günter Berg. Gebunden im Schuber, Großformat. 1997

Prosa:

Dreigroschenroman. 1991

Flüchtlingsgespräche. Erweiterte Ausgabe. 1998

Die Geschäfte des Herrn Julius Caesar. Romanfragment. 1969

Geschichten vom Herrn Keuner. 1971

Me-ti, Buch der Wendungen. 1969

Die unwürdige Greisin. Und andere Geschichten. Zusammengestellt und mit Anmerkungen versehen von Wolfgang Jeske. 1990

Schriften:

Dialoge aus dem Messingkauf. 1964

Schriften zum Theater. Über eine nichtaristotelische Dramatik. Zusammengestellt von Siegfried Unseld. 1957

Über die bildenden Künste. Herausgegeben von Jost Hermand. Mit zahlreichen Abbildungen. 1983

Über experimentelles Theater. Herausgegeben von Werner Hecht. 1970

Brecht-Lesebücher:

Brecht für Anfänger und Fortgeschrittene. Ein Lesebuch. Ausgewählt von Siegfried Unseld. Mit einem Vorwort von Hans Mayer. 1993

Ich bin aus den schwarzen Wäldern. Seine Anfänge in Augsburg und München 1913-1924. 1994

Der Schnaps ist in die Toiletten geflossen. Seine Erfolge in Berlin 1924-1933. 1994

Unterm dänischen Strohdach. Sein Exil in Skandinavien 1933-1941. 1994

Broadway – the hard way. Sein Exil in den USA 1941-1947. 1994

Theaterarbeit in der DDR 1948-1956. 1994

Der Kinnhaken. Und andere Box- und Sportgeschichten. Herausgegeben und mit einem Nachwort von Günter Berg. 1995

Reisen im Exil. 1933-1949. Textzusammenstellung: Wolfgang Jeske. Mit Abbildungen. 1996

Briefe:

Briefe an Marianne Zoff und Hanne Hiob. Herausgegeben von Hanne Hiob. Redaktion: Günter Glaeser. Mit zahlreichen Abbildungen. 1990

Briefe. Herausgegeben und kommentiert von Günter Glaeser. 1981

Liebste Bi! Briefe an Paula Banholzer. Herausgegeben von Helmut Gier und Jürgen Hillesheim. 1992

Journale:

Arbeitsjournal 1938-1955. Herausgegeben von Werner Hecht. 3 Bände. Bd. 1: 1938-1942, Bd. 2: 1942-1955, Bd. 3: Anmerkungen von Werner Hecht. 1973

Tagebücher:

Tagebuch No 10 1913. Faksimile der Handschrift und Transkription (im Schuber). Herausgegeben von Siegfried Unseld. Transkription der Handschrift und Anmerkungen von Günter Berg und Wolfgang Jeske. Limitierte Auflage von 1200 Exemplaren. 1989

Tagebücher 1920-1922. Autobiographische Aufzeichnungen 1920-1954. Herausgegeben von Herta Ramthun. 1975

Sekundärliteratur:

alles was Brecht ist ... Begleitbuch zu den gleichnamigen Sendereihen von 3sat und S2 Kultur. Herausgegeben von Werner Hecht. Mit zahlreichen Abbildungen. 1997

Roland Barthes, Warum Brecht? Herausgegeben und mit einem Nachwort versehen von Ottmar Ette. 1998

Walter Benjamin, Versuche über Brecht. Herausgegeben und mit einem Nachwort versehen von Rolf Tiedemann. 1966

Michael Bienert, Mit Brecht durch Berlin. Ein literarischer Reiseführer. Mit zahlreichen Fotografien. 1998

D. Stephan Bock, Coining Poetry. Brechts ›Guter Mensch von Sezuan‹. Zur dramatischen Dichtung eines neuen Jahrhunderts. 1998

Bertolt Brecht. Sein Leben in Bildern und Texten. Herausgegeben von Werner Hecht. Gestaltet von Willy Fleckhaus. Vorwort von Max Frisch. 1978

Brechts Theorie des Theaters. Herausgegeben von Werner Hecht. 1986. 5. Tsd. 1992

Walter Brecht, Unser Leben in Augsburg, damals. Erinnerungen. Mit Abbildungen. 1987

Werner Hecht: Brecht Chronik 1898-1956. Mit zahlreichen Abbildungen. 1997

Wolfgang Jeske, Bertolt Brechts Poetik des Romans. 1984

Jan Knopf, Gelegentlich: Poesie. Ein Essay über die Lyrik Bertolt Brechts. 1996

James K. Lyon, Bertolt Brecht in Amerika. Aus dem Amerikanischen von Traute M. Marshall. 1984

Hans Mayer, Brecht. 1996

Hans Mayer, Erinnerung an Brecht. 1998

Werner Mittenzwei, Das Leben des Bertolt Brecht oder Der Umgang mit den Welträtseln. (2 Bde.) 1987

Hans Peter Neureuter: Brecht in Finnland. 1998